Maria Groß

MARIA

Ein Buch voller Lieblingsrezepte

Meine Kochphilosophie

Ich freue mich total, dass ihr dieses Buch in den Händen haltet, selbst gekauft oder geschenkt bekommen. Ganz egal. Vielleicht habt ihr es euch ja deswegen gekauft, weil ich manchmal im Fernsehen auftauche, vielleicht habt ihr mich bei „Kitchen Impossible" gesehen, wo ich mich mit meiner großen Klappe mit Tim Mälzer gemessen habe. Manchmal frage ich mich, wie ich da gelandet bin. Aber wahrscheinlich liegt es an meiner Vita: Ich bin ja eine echte Thüringerin, ein Mädchen vom Lande, vom neuen Bundeslande, könnte man sagen. Aus der Ostzone, pflege ich immer scherzhaft zu sagen. Dann gucken manche, die mich nicht so kennen, immer etwas pikiert oder verstört, weil sie doch tatsächlich denken, ich sei ein wenig gestrig. Das ist natürlich Quatsch, es ist halt mein Humor. Ich bin ja auch in Thüringen geboren und dorthin nach Jahren wieder zurückgekehrt. Und ich bin glücklich darüber, dass ich als erste Ossi-Frau einen Michelin-Stern in diesem schönen Bundesland erkocht habe. Mal abgesehen davon, dass mich meine Jahre in der Schweiz genauso stark geprägt haben wie meine Zeit in Thüringen, fühle ich mich gar nicht wie eine Sterneköchin.

Und dieses Buch ist daher auch alles andere als ein Kochbuch mit überkandidelten Sternerezepten. Hier geht es eher darum, aus dem Einfachsten das Beste zu machen und dass Dinge nicht kompliziert sein müssen, damit sie gut werden und großartig schmecken. Hier geht es um das Wahrhaftige, das Ehrliche, denn unkompliziert zu kochen, führt zu einer gewissen Entspannung. Viel wichtiger als die seltensten Zutaten auf den Teller zu bringen, wäre für mich, dass ihr schmeckt, dass hier Geborgenheit auf dem Teller landet. Geborgenheit und Geschmack.

Viele Grüße aus der Ostzone

Tomate
Beef

Übrigens: Die Portionsangaben für meine Rezepte sind einfach zu variieren. Je nachdem, wie viel Appetit ihr habt oder wie viele Gänge ihr zubereitet. Wird es ein Menü oder eine Hauptmahlzeit? Macht ihr ein Büfett oder Fine Dining? Es liegt bei euch!

Nichts muss, aber alles kann: meine Art des Kochens

Generell gilt für mich beim Kochen die Devise: vom Einfachen das Beste. Ein Gericht wird dann besonders, wenn es wohldosiert, mit viel Liebe und Zuversicht gewürzt ist und gute Zutaten harmonisch zusammenführt. Apropos gute Zutaten: Die Herkunft und die Ethik, die hinter den verwendeten Produkten stehen, haben in meiner Küche oberste Priorität. Ich finde, wir in Deutschland sollten wieder lernen, nicht alles ausschließlich im Supermarkt einzukaufen, sondern direkt beim Produzenten oder in spezialisierten Feinkostläden. Auch Hofläden bieten stets eine saisonale, hochwertige Auswahl an Produkten aus der näheren Umgebung. Am Ende entscheidet nämlich nicht das Portemonnaie darüber, wie und wo man einkauft, sondern die innere Haltung. Lasst euch von mir sensibilisieren für meine Art des Kochens. Guter Geschmack kann nur mit guten Produkten entstehen – und wirkt noch lange nach, zumindest karmatechnisch!

Ein Handwerk, das Lust macht auf mehr

Für mich gibt es nichts Befreienderes als das Kochen. Es macht mir einfach Spaß, mich in der Küche inspirieren zu lassen und auch mal was auszuprobieren. Hier ist alles erlaubt, was gefällt – da verfalle ich gerne mal ins Freestylen. Die Grundlagen meines Berufs habe ich schon als Kind im Garten meiner Großeltern gelernt, wo wir Obst und Gemüse frisch geerntet ganz einfach verarbeitet haben. Genau wie damals spielen traditionelle Küchentechniken wie Einmachen, Räuchern oder die Zubereitung über offenem Feuer auch heute noch eine zentrale Rolle in meiner Küche: je weniger Schickimicki bei der Zubereitung, desto reiner der Geschmack. Neben frischen Grundzutaten brauche ich deshalb nicht viel für die Zubereitung, mir genügt eine übersichtliche Grundausstattung.

Basics für die Küche

- Zucker
- Salz
- Cayennepfeffer
- grobe Salzflocken (das Gold jeder guten Küche)
- Olivenöl
- Butter
- ein Vorrat Knoblauchpaste (frischer Knoblauch und Olivenöl im Verhältnis 1:1 gemixt)
- ein gutes Messer
- Geduld und Liebe

Noch ein kleiner Hinweis: Normalerweise bereite ich Gerichte im Ofen bei Ober-/Unterhitze zu. Falls nicht, ist es direkt im Rezept angegeben.

Meine Heimat …
spielt in meiner
Küche eine
bedeutende Rolle.
Obwohl mir hier alles
vertraut ist, bin ich
noch immer auf einer
Entdeckungsreise,
was Thüringen ist,
was Heimat bedeutet.

Von hier zu kommen, hilft mir genauso ...

... wie meine Stationen in der Schweiz, um meine Heimat schmeckbar zu machen.

Mein Heimatgefühl hat sich erst über Jahre entwickelt. Und es entwickelt sich noch immer. Natürlich bin ich hier geboren. Kenne die Gerüche und Geschmäcker der Region genauso wie die Wälder und Wiesen, die dazu einladen, sich mit vielem, das hier wächst, zu beschäftigen. Wo ich Wildkräuter finde, weiß ich seit Kindheitstagen. Aber dass ich nach meiner Rückkehr nach Thüringen überhaupt in der Lage war, mein Heimatgefühl weiterzuentwickeln, liegt auch daran, dass ich in der Schweiz das Heimatbewusstsein der Schweizer kennengelernt habe. Wo die Bewohner einer kleinen Bergregion nicht auf die Idee kommen würden, zum Beispiel einen Käse aus einem anderen, weit entfernten Dorf zu kaufen. Regional und ethisch einzukaufen, sich mit den Produkten aus der Umgebung zu beschäftigen, auch wenn sie zunächst fremder erscheinen als manch von Weitem Angereistes, das aber für uns zum täglichen Standard geworden ist. In Thüringen ist das natürlich auch dadurch verankert, weil wir bzw. meine Eltern und Großeltern über Jahrzehnte gelernt haben, den Istzustand zu akzeptieren. Du kaufst da ein, wo du lebst, das ist ja keine neue Erfindung. Wenn du noch nicht hier warst, denkst du jetzt vielleicht, ich spinne ein wenig, wenn ich sage:

„Das Thüringer Becken ist wie eine Art Toskana. Du kriegst hier echt viel. Aber halt nicht das ganze Jahr über."

Du hast den Thüringer Wald, die Tiefebene mit weitläufigen Getreidefeldern und anderen Nutzpflanzen. Meine Heimat wirkt erst einmal bäuerlich regional. Und du hast großartige Produzenten. Aber ich habe dieses Bewusstsein, dass du, wenn du mit den Bau-

ern der Umgebung zusammenarbeitest, halt nicht das ganze Jahr immer alle Produkte bekommen kannst. Bei mir gibt es Lamm zum Beispiel nur, wenn ich auch Lammfleisch aus der Region bekommen kann. Wenn nicht, dann will ich auch keines auf den Tisch bringen, das aus Neuseeland tiefgekühlt eingeflogen wurde. Du musst halt den biodynamischen Prozess der Natur akzeptieren. Und ich kenne immer mehr Leute, die diese Herangehensweise akzeptieren und sogar schätzen. Ich halte das im Übrigen für eine besondere und wichtige Wiederentdeckung, da man nicht vergessen darf, dass der Regionalgedanke zu DDR-Zeiten sehr kaputt gemacht wurde.

Das mag alles banal wirken, wenn du dann aber den Morgentau zur Seite wischst, siehst du den ursprünglichen Glanz, den es hier in ganz vielen Ecken gibt. Ich war zehn, als die Mauer fiel, natürlich

kann ich nicht nur aus eigener Erfahrung sprechen. Aber meine Großeltern und Eltern sind mit Mangel täglich konfrontiert worden. Sie mussten Lebensmittel haltbar machen. Wenn was da war oder wenn es über ein paar Ecken organisiert wurde, dann musstest du dafür sorgen, dass noch was da ist, wenn es das nicht mehr frisch gibt. Es wurde eingeweckt, haltbar gemacht etc. Solch banale und simple Handwerkstätigkeiten sind in meiner DNA verankert. Und diese Erfahrung, die ich von meinen Stationen in Deutschland und der Schweiz mitgebracht habe, gepaart mit dieser Thüringen-DNA, begleitet mich bei meiner täglichen Entdeckungsreise, was Heimat eigentlich ist und wie sie schmeckt.

Graupensalat

Für 4 Personen

160 g Möhren
160 g weiße Rübchen
200 g Graupen
Salz
1 TL Knoblauchpaste (siehe Tipp)
60 g gemahlene Kurkuma
100 ml Olivenöl
1 TL Zucker
1 TL Cayennepfeffer
Saft und Zesten von 2 Bio-Limetten
frisch geriebene Muskatnuss
frisch gemahlener Piment

Die Möhren und die Rübchen putzen, schälen und in kleine Würfel schneiden. Die Graupen in einem Sieb abbrausen. In einem Topf ½ l Wasser erhitzen und die Graupen darin mit 1 TL Salz, Knoblauch und Kurkuma bei mittlerer Hitze etwa 20 Minuten weich garen. Kurz vor dem Ende des Garvorgangs die Möhren- und Rübchenwürfel hinzufügen.

Sobald sie weich sind, die Graupen in ein Sieb abgießen. In einer Schüssel mit Olivenöl, Zucker, Cayennepfeffer, Limettensaft und -zesten, Muskatnuss und Piment abschmecken und gegebenenfalls etwas nachsalzen. Der Graupensalat schmeckt warm oder kalt.

Für die Knoblauchpaste frischen, geschälten Knoblauch im Verhältnis 1:1 mit Olivenöl oder Sonnenblumenöl mixen. Diese Paste in ein Weckglas füllen und bei Bedarf verwenden. Der Mix hält sich im Kühlschrank mehrere Tage.

Kartoffelklöße

Für 4 Personen

1 kg mehligkochende Kartoffeln
Salz
5 Eigelb
frisch geriebene Muskatnuss
100 g Dinkelgrieß
Dinkelmehl zum Verarbeiten
etwas Butter
2 EL gehackte Kräuter (z. B. Petersilie, Thymian, Kerbel)

Die Kartoffeln mit der Schale gründlich waschen und in Salzwasser etwa 20 Minuten weich garen. Die Kartoffeln abgießen, kurz ausdampfen lassen und möglichst heiß pellen. Die heißen Kartoffeln durch die Kartoffelpresse in eine große Schüssel drücken.

In die Kartoffelmasse mittig eine Mulde drücken und die Eigelbe hineingeben. Mit Salz und Muskatnuss würzen, den Dinkelgrieß hinzufügen und alles zu einem glatten Teig verkneten. Je nachdem, wie klebrig der Teig dann noch ist, zusätzlich etwas Dinkelmehl einarbeiten.

Den Teig mit den Händen zu kleinen Klößen formen und diese auf ein mit Mehl bestäubtes Backblech legen. In einem großen Topf reichlich Salzwasser zum Kochen bringen. Das Wasser soll sanft wallen, nicht stark kochen. Die Kartoffelklöße hineingleiten lassen und etwa 20 Minuten garen: Sind die Klöße gar gezogen, schwimmen sie an der Oberfläche. Die Klöße mit einem Schaumlöffel herausholen und auf Tellern anrichten.

Die Kartoffelklöße könnt ihr unterschiedlich füllen. Zum Beispiel mit Tomatenpesto von S. 104. Dazu ein buntes Tomatenragout, und fertig ist ein schnelles Mittagessen.

Die Butter in einem kleinen Topf erhitzen, bis sie ein nussiges Aroma hat, und über den Klößen verteilen. Mit Salz, Muskatnuss und Kräutern bestreut servieren. Die Klöße passen perfekt zu Spanferkelkarree (siehe S. 148) oder zu meinem Pilzragout (siehe S. 46).

Lila Kartoffelragout

Für 2 Personen

200 g violette Kartoffeln
Salz · 300 ml Rote-Bete-Saft
100 g bunter Mangold
30 g Butter
½ TL Knoblauchpaste (siehe Tipp S. 16)
Cayennepfeffer
½ TL Zucker
frisch geriebene Muskatnuss
frisch gemahlener Piment
2 EL milder Weißweinessig
2 EL Ahornsirup

Die Kartoffeln mit der Schale gründlich waschen. Die eine Hälfte der Kartoffeln in Salzwasser etwa 10 Minuten weich garen. Kartoffeln abgießen, ausdampfen lassen und möglichst heiß pellen.

Die übrigen Kartoffeln schälen, waschen, im Rote-Bete-Saft zum Kochen bringen und bei mittlerer Hitze etwa 10 Minuten weich garen. Die Kartoffeln abgießen und ausdampfen lassen.

Den Mangold verlesen, waschen und trocken schleudern. Die Blätter keilförmig aus den Stielen schneiden, grobe Stiele eventuell schälen. Blätter und Stiele in grobe Stücke schneiden.

Wer mag, pimpt das Gericht noch mit bunter Bete, Sauerampfer und ein paar gerösteten Nüssen. Schmeckt ganz wunderbar!

Die Butter in zwei Pfannen erhitzen und die beide Kartoffelsorten jeweils separat darin schwenken. Jeweils die Hälfte vom Mangold dazugeben und kräftig mit Knoblauchpaste, Salz, Cayennepfeffer, Zucker, Muskatnuss und Piment würzen. Beide Kartoffelsorten mit je 1 EL Weißweinessig und Ahornsirup aufgießen, anrichten und sofort servieren. So bleibt der Mangold schön knackig.

Gebratenes Chuck Flap

Für 2–3 Personen

50 g Thymian
500–600 g US Chuck Flap Meat
(marmorierter Rindernacken; ersatzweise Entrecôte)
etwas Öl
etwas Butter
etwas Nussbutter (siehe Tipp S. 65)
Zesten von 1 Bio-Zitrone
grobe Salzflocken

Den Backofen auf 140 °C vorheizen. Den Thymian waschen und trocken tupfen. Das Rindfleisch in etwas Öl in einer Pfanne scharf, aber nur kurz von allen Seiten anbraten.

Das Fleisch aus der Pfanne nehmen, auf ein Backblech legen und 1 Butterflocke und den Thymian daraufgeben. Das Fleisch im Ofen auf der mittleren Schiene 30 Minuten garen, dann die Ofentemperatur auf 100 °C reduzieren und das Rindfleisch weitere 30 Minuten garen. Je nach Größe des Fleischs die Garzeit gegebenenfalls etwas verlängern.

Es muss nicht immer klassisch Roastbeef sein. Seid mutig und probiert auch mal (bei uns) eher unbekanntere Fleischteile aus – wie eben das Chuck Flap.

Das Fleisch herausnehmen und kurz vor dem Servieren mit Nussbutter bestreichen („nappieren“). Zitronenzesten und Salz zu gleichen Teilen mischen und das Chuck Flap damit bestreuen.

Thüringer Schweinebäckchen mit bunten Möhren

Für 2–4 Personen

Für die Schweinebäckchen:
½ Knollensellerie
1 Möhre · 1 rote Zwiebel
½ Stange Lauch
6 Schweinebäckchen (ca. 400 g)
Salz
Cayennepfeffer
etwas Sonnenblumenöl
1 l Rotwein (z. B. aus der Region Saale-Unstrut)
½ l Kalbsfond
etwas gehackter Knoblauch

Für die bunten Möhren:
500 g bunte Möhren
3–4 frische Salbeiblätter
Salz
etwas Butter
Cayennepfeffer
etwas gehackter Knoblauch
Ahornsirup

Für die Schweinebäckchen Knollensellerie, Möhre und Zwiebel putzen, schälen und in kleine Würfel schneiden. Den Lauch putzen, waschen und in feine Ringe schneiden.

Den Backofen auf 150 °C Umluft vorheizen. Die Schweinebäckchen rundum mit Salz und Cayennepfeffer würzen und in Öl in einer Pfanne kross anbraten. Die Schweinebäckchen in eine ofenfeste Form legen. Das Gemüse im übrigen Bratfett anbraten und mit dem Wein ablöschen. Die Gemüsemischung zu den Bäckchen geben und alles im Ofen 1 bis 1 ½ Stunden (je nach Größe der Bäckchen) schmoren. Ab und zu wenden und bei Bedarf etwas Kalbsfond dazugießen.

Inzwischen für die bunten Möhren die Möhren putzen, waschen und längs halbieren. Salbei waschen, trocken tupfen und in dünne Streifen schneiden. Die Möhrenhälften jeweils separat nach Farben in reichlich Salzwasser blanchieren und in einem Sieb abtropfen lassen. Etwas Butter in einer Pfanne erhitzen und die Möhren darin anbraten. Kräftig mit Salz und Cayennepfeffer würzen und zum Schluss Salbei, Knoblauch und 1 Schuss Ahornsirup unterrühren.

Schweinebäckchen aus der Sauce nehmen, diese durch ein feines Sieb in einen Topf gießen und das Gemüse beiseitestellen. Sauce bei schwacher Hitze etwas reduzieren lassen, nochmals würzen, mit Knoblauch verfeinern und das Gemüse wieder dazugeben. Schweinebäckchen und bunte Möhren separat anrichten und mit etwas Sauce beträufelt servieren. Nach Belieben mit gebratenen Champignons garnieren.

Perfekt dazu passen auch meine Semmelknödel **(sihe Seite 46)**

Thüringer Lammkarree

Für 2 Personen

1 Zweig Rosmarin
1 Lammkarree (ca. 500 g; mit Fettdeckel)
Olivenöl zum Braten
Butter zum Braten
grobe Salzflocken
Zesten von 1 Bio-Zitrone

Den Backofen auf 150 °C vorheizen. Den Rosmarin waschen und trocken tupfen, die Nadeln abzupfen und fein hacken. Das Lammkarree nur an den Rippen etwas frei putzen, den Fettdeckel nicht wegparieren.

Das Karree in Olivenöl rundum kräftig, aber nur kurz anbraten. Das Fleisch aus der Pfanne nehmen, auf ein Backblech legen und 1 Butterflocke und etwas Rosmarin daraufgeben. Das Lammkarree je nach Größe im Ofen auf der mittleren Schiene etwa 20 Minuten garen. Dann herausnehmen und das Fleisch mindestens 15 Minuten ruhen lassen.

Wenn man den Fettdeckel entfernt, verkürzt sich die Garzeit um die Hälfte.

Salzflocken, Zitronenzesten und restlichen Rosmarin zu gleichen Teilen mischen. Das Karree kurz vor dem Servieren nochmals in Butter anbraten und damit überziehen („nappieren“). On top einfach den Rosmarin-Zitronen-Salz-Mix streuen.

Buchteln mit Aprikosenkonfitüre

Für 6–12 Buchteln (je nach Größe)

Butter und Zucker für das Backblech
15 g frische Hefe
125 ml Milch
250 g Mehl
1 Ei
40 g Butter
2 EL Zucker
½ TL Salz
1 guter Schuss Rum
3 EL Aprikosenkonfitüre

Ein kleines Backblech einfetten und mit wenig Zucker bestreuen. Die Hefe in eine Rührschüssel bröckeln. Die kalte Milch dazugießen und die Hefe unter Rühren darin auflösen. Die übrigen Zutaten bis auf die Konfitüre hinzufügen und in der Küchenmaschine zu einem homogenen Teig verkneten.

Vom Teig Portionen in gewünschter Größe abdrehen. Die Teigstücke zu Kugeln formen, diese jeweils flach drücken und mit 1 Klecks Aprikosenkonfitüre füllen. Die Teigränder darüber zusammendrücken und die Teigstücke zu Buchteln formen. Die Buchteln nebeneinander auf das Backblech setzen und bei Zimmertemperatur etwa 30 Minuten gehen lassen. Den Backofen auf 200 °C vorheizen.

Wenn die Teigkugeln doppelt so groß geworden sind, die Buchteln im Ofen auf der mittleren Schiene 10 Minuten backen. Dann die Ofentemperatur auf 170 °C reduzieren und weitere 10 bis 15 Minuten (je nach Größe) backen. Fertig!

Frische Buchteln aus dem Ofen begeistern jeden. Einfach ein bisschen Puderzucker und Zimt darüberstäuben und 1 Kugel Vanilleeis daneben. Grandios!

Gefüllte Quarkknödel

Für 4 Personen

Für die Quarkknödel:
700 g Speisequark
50 g flüssige Butter
etwas Vanillemark
etwas abgeriebene Bio-Zitronenschale
3 Eier
170 g Semmelbrösel

Für die Füllung:
ca. 200 g (eingelegte) Früchte (in diesem Fall haben wir eingeweckte Pflaumen genommen. Ihr könnt aber gern nehmen, was eure Vorratskammer gerade hergibt, auch frische Früchte)

Für die süßen Brösel:
100 g flüssige Nussbutter (siehe Tipp S. 65)
40 g gemahlene, geröstete Walnüsse
40 g brauner Zucker
50 g geröstete Semmelbrösel

Außerdem:
Zucker · ½ Vanilleschote
1 Bio-Zitronenscheibe

Für die Quarkknödel den Quark in ein sauberes Küchentuch geben und alle Flüssigkeit herauspressen. Den Quark anschließend in einer großen Schüssel mit den übrigen Zutaten zu einer homogenen Masse verrühren.

Aus dem Teig mit angefeuchteten Händen Knödel in der gewünschten Größe abdrehen, diese etwas flach formen und mit der jeweiligen Füllung befüllen. Die Teigränder darüber verschließen und runde Knödel formen.

Reichlich Wasser in einem Topf zum Kochen bringen. Etwas Zucker, die Vanilleschote und die Zitronenscheibe hinzufügen, die Quarkknödel in das siedende Wasser gleiten lassen und etwa 8 Minuten darin garen. Sobald die Knödel fertig sind, schwimmen sie nach oben.

Ich serviere die Knödel auch gern zu herzhaften Gerichten, zum Beispiel zu Ossobuco. Dann werden die Quarkknödel in Salz- statt in Zuckerwasser gegart. Als Sauce empfehle ich euch dazu das Pilzragout von S. 46.

Für die süßen Brösel alle Zutaten in die braune Butter einrühren. Die Quarkknödel auf Tellern anrichten und die süßen Brösel darüberstreuen.

Wenn ich zu Hause Gäste habe …

spielt Gastfreundschaft eine große Rolle.
Nur unkompliziert muss sie sein.

Ich versuche immer, alles mit einem Klacks Liebe zu servieren.

Ich wurde kürzlich gefragt, wo ich eigentlich den Unterschied machen würde zwischen der Bewirtung von Gästen in der „Bachstelze" und bei mir in der Wohnung, wenn privat Gäste kommen. Die Frage hat mich erst ein wenig überrascht und dann doch zum genaueren Nachdenken gebracht. Man ist ja schnell in Versuchung zu sagen, da mache ich keinen Unterschied, meine Restaurantgäste sollen sich wie Freunde fühlen. Und so weit stimmt das Ganze auch. Nur: Meine Gäste zu Hause bekommen dann doch vielleicht die noch etwas unkompliziertere Maria zu Gesicht.

Ehrlich gesagt, will ich, wenn ich privat Gäste habe, fast gar keine Arbeit haben oder zumindest einen minimalen Aufwand. Es muss auf jeden Fall noch genug Zeit bleiben, damit ich an so einem Abend auch was von meinen Freunden habe. Ohne dabei eine schlechte Gastgeberin zu sein. Aber wie plant man so etwas unkompliziert? Ich habe natürlich das Glück, dass mein Matthias als deutscher Meister im Grillen bei privatem Besuch immer die Lust verspürt, die Kohlen glühen zu lassen. Wenn man einen begnadeten Griller zu Hause hat (und man ist es nicht selbst), kann man bei Besuch mit Grillen nichts falsch machen, also landen unsere Gäste oft bei uns im Garten oder in der Laube. Und Matthias steht im Rauch der sich bildenden Röstaromen der Leckereien auf dem Grill. Herrlich. Übrigens spielt für uns das Wetter oder die Jahreszeit nur eine untergeordnete Rolle. Ich weiß, das hört sich in Bezug auf Matthias herzlos an – aber wir sind das Mädchen vom Lande und der Dorfjunge, für uns bricht die Welt nicht wegen Widrigkeiten von Natur und Wetter zusammen.

„Da sind wir auch froh, dass wir aus dem Osten kommen, wir wissen, wie man mit schlechten Bedingungen umgehen muss."

Ob ein Gericht am Ende perfekt schmeckt, lässt sich nicht unbedingt auf komplizierte und aufwendige Arbeitsschritte zurückführen. Den Teig wie früher von Hand kneten, nach Gespür würzen oder über der heißen Glut grillen ist easy. Und das Ergebnis phänomenal lecker!

Und überhaupt: Wozu gibt es Kuscheldecken? Vielleicht habt ihr die Folge gesehen, in der ich beim „Perfekten Promi-Dinner" meine namhaften und sternebehafteten Mitbewerber mit unserer rustikal-unkomplizierten Art ordentlich auf die Probe gestellt habe. Dann wisst ihr, wovon ich rede. Aber mit Herzlichkeit und einem Klacks Liebe brichst du als Gastgeber selbst die Herzen der anspruchsvollsten Gäste. Wo wir schon beim Thema Grillen sind, möchte ich kurz noch eine Lanze brechen für ein Produkt, das den Westdeutschen in Bezug auf die heutigen neuen Bundesländer schon zu Zeiten der Teilung positive Gefühle beschert hat: Unsere geliebte Thüringer Bratwurst, auch kurz „Thüringer" genannt. Sie gehört zur Identität der Region, da können wir zu Recht stolz drauf sein. Jetzt bin ich etwas abgeschweift, ich wollte ja eigentlich hier darüber schreiben, wie das ist, wenn wir privat Gäste haben.

Aber vielleicht ist ja rübergekommen, dass man sich nicht mit dem Essen verrückt machen sollte, wenn sich Besuch ankündigt. Und wenn man nicht das Glück hat, einen Partner zu haben, der mal schnell den Grill anschmeißt und ein paar „Thüringer" draufwirft, dann kann man zu den unkomplizierten Rezepten in diesem Kapitel greifen. So bleibt einem garantiert eine Menge Zeit, seine Gäste nicht nur mit gutem Essen, sondern auch mit schönen Gesprächen oder vielleicht sogar einem Klacks Liebe zu überhäufen.

Tomaten-Speck-Brot

Für 1 großes oder mehrere kleinere Brote

375 g Zwiebeln
200 g getrocknete Tomaten
175 g Speck (am Stück)
125 g Schweineschmalz
100 g Tomatenmark (dreifach konzentriert)
1 Würfel Hefe
50 g Zucker
750 g festkochende Kartoffeln (gegart und gepellt; noch warm)
800g Weizenmehl (Type 405)
700 g Roggenmehl

Die Zwiebeln schälen und in feine Würfel schneiden. Die getrockneten Tomaten und den Speck ebenfalls in feine Würfel schneiden. Das Schweineschmalz in einer Pfanne erhitzen und die Zwiebelwürfel darin andünsten. Speck- und Tomatenwürfel mit dem Tomatenmark unterrühren und kurz mitdünsten.

Die Hefe zerbröckeln und in einer Rührschüssel mit dem Zucker in wenig Wasser auflösen. Die Kartoffeln durch die Kartoffelpresse zur Hefe drücken. Die Zwiebel-Tomaten-Masse und beide Mehlsorten hinzufügen und zu einem homogenen Teig verarbeiten. Den Teig zu einer oder mehreren länglichen Brotstangen abdrehen, auf ein mit Backpapier belegtes Backblech legen und bei Zimmertemperatur 45 Minuten gehen lassen.

Der Teig lässt sich auch zu kleinen Partybrötchen abdrehen. Dann verkürzt sich die Backzeit auf etwa 20 Minuten.

Den Backofen auf 220 °C Umluft vorheizen. Das Tomaten-Speck-Brot im Ofen auf der mittleren Schiene erst 15 Minuten braun werden lassen. Dann die Ofentemperatur auf 180 °C reduzieren und das Brot 20 Minuten fertig backen (das Brot unten links ist statt mit Tomaten und Speck mit Currypulver verfeinert).

Weißbrot

Für 1 Brot

½ Würfel Hefe (21 g)
150 ml Milch
500 g Mehl · 1 TL Natron
2 TL Zucker · 2 TL flüssige Butter
2 TL Sonnenblumenöl
25 g Salz
150 g saure Sahne (Sauerrahm)
1 Ei

Die Hefe in eine große Schüssel bröckeln und unter Rühren in der kalten Milch auflösen. Das Mehl mit dem Natron mischen, löffelweise abwechselnd mit den übrigen Zutaten unter die Hefemilch rühren und alles zu einem homogenen Teig verarbeiten.

Den Teig zu einem runden Brotteig abdrehen, auf ein mit Backpapier belegtes Backblech legen und an einem warmen Ort mindestens 30 Minuten gehen lassen.

Den Backofen auf 180 °C vorheizen. Das Brot im Ofen auf der mittleren Schiene etwa 45 Minuten backen.

Kräuterquark

Für 4 Personen

100 g gemischte Kräuter und Wildkräuter
(z. B. Thymian, Brennnesseln, Sauerklee, Petersilie)
100 g Speisequark
100 g griechischer Joghurt
Saft und abgeriebene Schale von 2 Bio-Limetten
1 EL Zucker
½ TL Salz
1 gute Prise Cayennepfeffer

Die Kräuter waschen, trocken schütteln, die Blättchen abzupfen und fein hacken. In einer Schüssel mit den übrigen Zutaten verrühren und nach Gusto würzen. Fertig!

Knetet zur Abwechslung
mal etwas
Schwarzkümmelsamen
unter den Teig,
das gibt dem Brot einen
interessanten Akzent.

Fenchel-Melonen-Salat

Für 2–4 Personen

1 Fenchelknolle
½ Chilischote (Habanero)
500 g süßes, reifes Wassermelonenfruchtfleisch
20 g gehackter Estragon
etwas gehackter Ingwer
etwas abgeriebene Bio-Zitronenschale
100 ml Olivenöl
50 ml Weißweinessig
Salz
2 EL brauner Zucker
einige Löwenzahnblätter
geröstete Pinienkerne (nach Belieben)

Den Fenchel putzen, waschen und halbieren, dabei den harten Strunk entfernen. Den Fenchel am besten mit der Schneidemaschine in hauchdünne Scheiben schneiden.

Die Chilischote längs halbieren, entkernen, waschen und in feine Würfel schneiden. Das Fruchtfleisch der Wassermelone in grobe Stücke portionieren und mit Chili, Estragon, Ingwer, Zitronenschale und etwas Olivenöl marinieren.

Den Fenchel mit Weißweinessig, ½ TL Salz, Zucker und restlichem Olivenöl mischen. Melone und Fenchel untermischen und dekorativ in einer Schüssel anrichten. Den Löwenzahn waschen, trocken schütteln und auf dem Fenchel-Melonen-Salat arrangieren. Nach Belieben mit gerösteten Pinienkernen bestreuen.

Zu dem Salat passt hervorragend gebratener Fisch, zum Beispiel Zander oder Seeteufel.

Rote-Bete-Risotto

Für 1–2 Personen

50 g Apfel
50 g Rote Bete (gegart und geschält)
1 kleine Schalotte
Olivenöl zum Braten
100 g Risottoreis
300 ml Rote-Bete-Saft
Salz
Cayennepfeffer
Zucker
Knoblauchpaste (siehe Tipp S. 16)
100 g kalte Butter (in Würfeln)
bunte Bete für die Deko

Den Apfel waschen, schälen, halbieren, entkernen und mit der Roten Bete in kleine Würfel schneiden. Die Schalotte schälen und in feine Würfel schneiden.

Das Olivenöl in einer Pfanne erhitzen und die Schalottenwürfel und den Risottoreis darin glasig dünsten. Mit etwas Rote-Bete-Saft aufgießen und die Flüssigkeit komplett einkochen lassen.

Diesen Vorgang wiederholen, bis der gewünschte Gargrad beim Risottoreis erreicht ist. Kräftig mit Salz, Cayennepfeffer, Zucker und Knoblauchpaste würzen.

Kurz vor Garzeitende die Apfel- und Rote-Bete-Würfel untermischen und nach und nach unter ständigem Rühren die kalten Butterwürfel hinzufügen, bis ein schmelziges, glänzendes Risotto entsteht. Auf tiefe Teller verteilen und mit einigen Scheiben bunter Bete dekoriert servieren. Besonders hübsch sieht das Risotto aus, wenn man noch Basilikum-Blütenpollen darüberstreut.

Euch ist das Risotto zu „trocken"? Dann rührt einfach etwas Mascarpone unter.

Semmelknödel mit Pilzragout

Für 3–4 Personen

Für die Semmelknödel:

500 g altbackenes, gemischtes Brot
ca. 200 ml Milch
Salz
Cayennepfeffer
Knoblauchpaste (siehe Tipp S. 16)
frisch geriebene Muskatnuss
1 Ei
Butter zum Anbraten

Für das Pilzragout:

100 g Champignons
100 g Kräutersaitlinge
100 g Steinpilze
50 g Butter
Salz · Cayennepfeffer
½ TL Knoblauchpaste
100 ml dunkler Portwein
1 EL süße Sojasauce
150 g Sahne
50 g gehackte Petersilie oder gehackter Thymian
grobe Salzflocken

Natürlich passt dieses Ragout auch hervorragend zu meinen kleinen Kartoffelklößen (siehe S. 18). Wenn ihr Steinpilze übrig habt, hobelt noch welche frisch darüber. Wenn nicht, nehmt einfach Champignons, die Steinpilze des armen Mannes. Auch fein: Salbeiblätter waschen, trocken tupfen und in Butter ausbacken. Salz darüber und als leckere Deko für die Semmelknödel verwenden.

Für die Semmelknödel am Vorabend das Brot in grobe Würfel schneiden und in einer großen Schüssel mit der Milch übergießen. Das Brot über Nacht einweichen lassen.

Am nächsten Tag das Milchbrot kräftig mit Salz, Cayennepfeffer, Knoblauchpaste und Muskatnuss würzen. Das Ei hinzufügen und unter die Masse mischen. Die Knödelmasse zu einer länglichen Rolle formen und wie ein Bonbon in Frischhaltefolie einschlagen. Die Enden gegeneinander eindrehen und auf diese Weise fest zusammenzurren. Die Teigrolle bei 100 °C im Dampf 30 Minuten garen. Alternativ die Teigrolle nochmals in eine Lage Alufolie einwickeln und die Knödelmasse in siedendem Wasser 30 Minuten garen. Die Teigrolle herausnehmen und abkühlen lassen.

Für das Pilzragout die Pilze putzen und, falls nötig, trocken abreiben. Die Champignons halbieren, die Kräutersaitlinge vierteln und die Steinpilze in große Stücke schneiden.

Die Pilze in einer großen Pfanne ohne Fett anrösten. Falls die Pfanne zu klein ist, lieber in zwei Durchgängen rösten. Sobald die Pilze an den Rändern Röstaromen ansetzen, die Butter hinzufügen und die Pilze bei starker Hitze kräftig darin schwenken. Nun schnell mit Salz, Cayennepfeffer und Knoblauchpaste würzen, damit sie in der Pfanne kein zusätzliches Wasser verlieren.

Die Pilze mit Portwein ablöschen, die Sojasauce hinzufügen und die Flüssigkeit etwas reduzieren. Das Pilzragout mit Sahne aufgießen und einige Minuten köcheln lassen, bis eine homogene, goldbraune Sauce entstanden ist.

Die kalte Knödelmasse auswickeln, in Scheiben schneiden und scharf in etwas Butter anbraten, dabei noch einmal kräftig nachwürzen.

Das Pilzragout in tiefen Tellern anrichten und die knusprigen Semmelknödel hineinbetten. Zuletzt die gehackten Kräuter und die Salzflocken darüberstreuen. Guten Appetit!

Opas Forellen

Für 4 Personen

4 kleine Thüringer Bachforellen (à ca. 300 g; küchenfertig)
etwas kalt gepresstes Sonnenblumenöl
grobe Salzflocken
Zesten von 1 Bio-Limette

Die Glut im Holzkohlegrill vorbereiten. Dabei den Grill auf einer Seite nur zu einem Drittel mit Holzkohle befüllen, sodass über indirekter Hitze gegart werden kann.

Die Forellen innen und außen waschen und trocken tupfen. Die Fische auf die Seite des Rostes legen, unter der sich keine glühende Kohle befindet. Alternativ kann man sie auch auf einen Stock aufspießen und an der nicht befüllten Seite anlehnen. Je nach Größe der Fische 30 Minuten indirekt grillen.

Die Forellen vom Grill nehmen und zügig die Haut am Rücken einschneiden. Die Haut im Ganzen abziehen und kurz direkt über der Glut grillen, bis sie kross ist.

Die Forellen mit etwas Öl beträufeln, mit dem Salz bestreuen und mit der Limettenzeste „parfümieren“. Zum Schluss die krosse Haut in der Hand zerkrümeln und über die Forellen streuen.

Manchmal sind die einfachsten Dinge doch die leckersten. Das Rezept ist für ein schnelles Grillerchen mit etwas Graubrot dazu gedacht.

Pastrami Bachstelzenstyle

Für 6–8 Personen

1 ganze Rinderbrust (ca. 2 kg; alternativ Tafelspitz)
80 g Pökelsalz
100 g brauner Zucker
100 g Maria Ostzone Gewürz – Sommer
(alternativ euer Lieblingsgewürz)

Das Fleisch grob parieren. Heißt: dicke Fettdeckel oder -schichten abschneiden. Danach komplett mit Pökelsalz einreiben und einvakuumieren. Das Fleisch 5 Tage in den Kühlschrank legen und dabei täglich einmal wenden.

Nach 5 Tagen das Fleisch auspacken und das Pökelsalz sorgfältig abwaschen. Das Fleisch trocken tupfen, rundum mit dem Zucker und der Gewürzmischung einreiben und die Mischung gleichmäßig einmassieren. Das gewürzte Fleisch nochmals einvakuumieren und über Nacht in den Kühlschrank legen.

Zum Zubereiten einen Räucherofen oder Grill auf 90 °C vorheizen und das Fleisch bei indirekter Hitze 4 Stunden (pro kg 2 Stunden) garen.

Gern dürft ihr das Trockengewürz mit frischen gehackten Kräutern ergänzen, um zusätzliche Aromen hineinzubringen. Das Pastrami schmeckt am besten lauwarm oder kalt, in dünne Scheiben geschnitten.

Pastramisandwich

Ein Sandwich lebt nicht davon, dass es besonders kompliziert ist, sondern eben von seiner Einfachheit:

Gute Zutaten wohldosiert zusammenfügen.

Man nehme: das Weißbrot, den Kräuterquark (beides auf S. 40), das Pastrami Bachstelzenstyle (siehe S. 50) und etwas Butter.

Die Butter in einer Pfanne schmelzen und die Weißbrotscheiben von allen Seiten goldgelb ausbacken. Darüber eine frisch aufgeschnittene Scheibe Pastrami, ein Klecks Quark und los geht's! Schmackofatz!

Roastbeef mit Kürbissalat und Knollenragout

Für 2–3 Personen

Für das Roastbeef:
2 Zweige Thymian
500 g Roastbeef (gut durchwachsen; mit Fettdeckel)
Salz
Cayennepfeffer
Öl zum Anbraten
Butter

Für den Kürbissalat:
½ kleiner Hokkaidokürbis
Saft und Zesten von 2 Bio-Limetten
Salz
Zucker
Cayennepfeffer
100 ml Olivenöl
20 g gehacktes Koriandergrün
20 g gehackte Minze

Für das Knollenragout:
300 g schön bunte Ollucos (siehe Tipp rechts)
Salz
½ TL Zucker
Cayennepfeffer
½ TL Knoblauchpaste
(siehe Tipp S. 16)
Saft von 1 Zitrone
4 EL Olivenöl

Zu rotem Fleisch muss man nicht immer Rotwein servieren. Zu einem solchen Schmaus passt auch ganz wunderbar ein kräftiger, im Barrique gereifter Weißburgunder aus der Region Saale-Unstrut. Ollucos sind die Knollen eines mehrjährigen Strauchs und in den Anden beheimatet.

Für das Roastbeef den Backofen auf 150 °C vorheizen. Den Thymian waschen und trocken tupfen. Das Roastbeef rundum mit Salz und Cayennepfeffer würzen und in einer Pfanne in wenig Öl kurz und scharf anbraten. Aus der Pfanne nehmen, in eine ofenfeste Form legen und mit 1 Butterflocke und 1 Thymianzweig belegen.

Das Fleisch im Ofen auf der mittleren Schiene 25 Minuten garen. Dann die Ofentemperatur auf 100 °C reduzieren und das Roastbeef weitere 30 Minuten gar ziehen lassen.

Inzwischen für den Kürbissalat den Kürbis entkernen, waschen und mit der Schneidemaschine in hauchdünne Scheiben schneiden. Man kann dafür auch einen groben Sparschäler benutzen.

Die Kürbisscheiben in einer großen Schüssel mit dem Limettensaft und den -zesten mischen. Dann den Salat mit der Hand (wie beim Krautsalat) kräftig durchkneten. Anschließend mit Salz, Zucker, Cayennepfeffer und Olivenöl abschmecken. Den Salat etwas ruhen lassen, kurz vor dem Servieren nochmals abschmecken und Koriander und Minze unterheben.

Für das Knollenragout die Ollucos mit der Schale gründlich waschen und in Salzwasser 10 Minuten weich garen (die Garzeit ist abhängig von der Größe der Knollen). Die Ollucos abgießen, kurz ausdampfen lassen und möglichst heiß halbieren. In einer Schüssel mit Salz, Zucker, Cayennepfeffer und Knoblauchpaste würzen. Nur noch den Zitronensaft und das Olivenöl dazugeben – fertig!

Zum Servieren das Roastbeef nochmals mit 1 Butterflocke und dem übrigen Thymianzweig in einer heißen Pfanne ganz kurz von beiden Seiten braten und mit wenig Butter überziehen („nappieren“). Dadurch werden die Röstaromen freigesetzt.

Roastbeef mit Kürbissalat und Knollenragout anrichten.

Steak vom Rind – rückwärts gegrillt

Für 4 Personen

1 Stück Roastbeef (ca. 800 g; mindestens 4 cm dick)
3 Zweige Rosmarin
1 Bio-Zitrone
ca. 2 EL grobe Salzflocken

Die Glut im Holzkohlegrill vorbereiten. Dabei den Grill auf einer Seite nur zu einem Drittel mit Holzkohle befüllen, sodass über indirekter Hitze gegart werden kann. Die Temperatur auf etwa 110 °C einpegeln. Das Fleisch auf die Seite des Rostes legen, unter der sich keine glühende Kohle befindet. Den Deckel aufsetzen und das Fleisch bei 110 °C etwa 40 Minuten (10 Minuten pro cm Dicke) grillen. Bei 4 cm sollte das Stück danach eine Kerntemperatur von 55 °C (medium rare) haben. Falls es schon vorher die Temperatur erreicht hat, einfach jetzt schon auf die heiße Zone legen.

Inzwischen den Rosmarin waschen und trocken tupfen, die Nadeln abzupfen und fein hacken. Die Zitrone heiß waschen und trocken reiben, die Schale fein abreiben. Beides mit den Salzflocken mischen.

Wenn die Zeit oder die Temperatur erreicht ist, das Roastbeef auf glühender Holzkohle (oder einer möglichst über 500 °C heiße Infrarotzone) grillen, um Röstaromen zu erzeugen. Dabei etwa alle 15 Sekunden wenden. Im Anschluss mit der Rosmarin-Salz-Zitronen-Mischung bestreuen und servieren.

Je geringer die Temperatur beim Vorgaren, desto länger dauert es zwar, aber umso saftiger wird das Steak. Einfacher geht es mit einem Kerntemperaturthermometer. Für zusätzliches Aroma könnt ihr noch andere gehackte Kräuter und/oder Chiliringe unter die Salzflocken mischen.

Schweinekotelett vom Grill

Je niedriger die Temperatur beim Grillen (bringt natürlich eine längere Garzeit mit sich) und je kürzer die Zeit auf der heißen Zone ist, desto saftiger wird das Kotelett.

Für 4 Personen

4 Schweinekoteletts vom Wollschwein
(à ca. 200 g; mindestens 4 cm dick)
grobe Salzflocken

Die Glut im Holzkohlegrill vorbereiten. Dabei den Grill auf einer Seite nur zu einem Drittel mit Holzkohle befüllen, sodass über indirekter Hitze gegart werden kann. Die Temperatur auf etwa 110 °C einpegeln. Das Fleisch auf die Seite des Rostes legen, unter der sich keine glühende Kohle befindet. Den Deckel aufsetzen und das Fleisch bei 110 °C etwa 40 Minuten (10 Minuten pro cm Dicke) grillen.

Das Fleisch nun auf die Seite mit direkter Hitze (auf glühende Kohlen) legen und auf beiden Seiten kräftig anbraten, bis sich genügend Röstaromen gebildet haben. Zum Servieren mit Salzflocken bestreuen. Dazu passt wunderbar das Knollenragout von S. 56.

Quarkspeise mit Pfirsich und Orangentuiles

Für 4 Personen

Für die Orangentuiles:
200 g Butter
325 ml Orangensaft
Saft und abgeriebene Schale von 2 Bio-Orangen
700 g Zucker
325 g Mandelblättchen
200 g Mehl

Für den frittierten Salbei:
8 frische Salbeiblätter
80 g geklärte Butter
Puderzucker zum Bestäuben

Für die Pfirsiche:
2 reife, saftige Pfirsiche
Mark von 1 Vanilleschote
etwas Birnenbrand

Für die Quarkspeise:
100 g Speisequark
100 g griechischer Joghurt
60 ml Ahornsirup
etwas abgeriebene Bio-Orangenschale

Die frisch zusammengerührte Orangentuilemasse hält sich im Kühlschrank etwa 1 Woche.

Für die Orangentuiles am Vortag die Butter in einem großen Topf zerlassen. Beide Sorten Orangensaft und die -schale hinzufügen. Den Zucker in die Orangenbutter einrühren und komplett auflösen. Wenn eine homogene Masse entstanden ist, abwechselnd löffelweise die Mandelblättchen und das Mehl unterrühren. Die Masse vom Herd nehmen und mindestens 24 Stunden kühl gestellt ruhen lassen.

Am nächsten Tag den Backofen auf 180 °C vorheizen. Den Teig noch mal aufrühren, mithilfe einer Palette hauchdünn auf einen Bogen Backpapier streichen und im Ofen auf der mittleren Schiene 8 bis 10 Minuten backen. Frisch aus dem Ofen, ist die Tuilemasse noch gut formbar, zum Beispiel zu kleinen Körbchen oder zu großen, knusprigen Cannelloni. Alternativ nach dem Abkühlen in grobe Stücke brechen.

Für den frittierten Salbei die Salbeiblätter waschen und trocken tupfen. Die Butter in einer tiefen Pfanne erhitzen und die Salbeiblätter darin bei schwacher Hitze sanft ausbacken. Den Salbei aus der Pfanne nehmen, auf ein trockenes Tuch legen und abkühlen lassen. Dann mit Puderzucker bestäuben.

Für die Pfirsiche die Pfirsiche waschen und trocken reiben. Die Pfirsiche halbieren, entsteinen und in zwei Schnittarten vorbereiten: 1 Pfirsich in kleine Würfel, den anderen in dünne Scheiben schneiden. In einer Schüssel mit dem Vanillemark und etwas Birnenbrand aromatisieren.

Für die Quarkspeise alle Zutaten miteinander vermischen und auf Schälchen verteilen. Die Pfirsiche darauf anrichten und die Quarkspeise mit je 2 Salbeiblättern und etwas Orangentuile garnieren. Et voilà!

Karamellkuchen

Für 1 kleines Backblech

Für den Teig:
250 g weiße gemahlene Mandeln
200 g Puderzucker
20 g Vanillepuddingpulver
150 g Mehl
180 g Eiweiß
100 g Bienenhonig (am besten aus Thüringen)
200 g Nussbutter (siehe Tipp rechts)

Für den Guss:
500 g Sahne
300 g Zucker
1 Zimtstange
4 Eigelb
40 g Weizenstärke
etwas abgeriebene Bio-Zitronenschale

Außerdem:
Butter und Zucker für das Backblech

Nussbutter, auch braune Butter genannt, ist schnell gemacht: Dafür die Butter in einem Topf bei mittlerer Temperatur langsam erhitzen, bis sie goldbraun ist und ein nussiges Aroma hat. Butter durch ein mit Küchenpapier ausgelegtes Sieb gießen. In einem Schraubglas hält sie sich im Kühlschrank mehrere Wochen.

Am Vortag den Backofen auf 180 °C vorheizen. Ein Backblech einfetten und mit Zucker bestreuen. Für den Teig alle Zutaten in der Küchenmaschine zu einem glatten Teig verarbeiten, auf das Backblech gießen und im Ofen auf der mittleren Schiene 10 Minuten vorbacken. Die Ofentemperatur auf 100 °C reduzieren.

Für den Guss 450 g Sahne mit 180 g Zucker und der Zimtstange zum Kochen bringen. Die Zimtstange wieder entfernen. Die restliche Sahne mit den Eigelben, der Weizenstärke und der Zitronenschale verquirlen. Diese Mischung in die heiße Sahne einrühren, bis ein Pudding entsteht. Den Guss auf den vorgebackenen Teig streichen und den Kuchen im Ofen 20 Minuten ziehen lassen. Den Kuchen aus dem Ofen nehmen und 24 Stunden auskühlen lassen.

Am nächsten Tag den restlichen Zucker mit wenig Wasser in einem Topf karamellisieren. Sobald die gewünschte Farbe erreicht ist, 1 EL Wasser hinzufügen und das Karamell darin unter Rühren auflösen. Das Karamellwasser bei schwacher Hitze zu Karamellsirup einköcheln lassen, vom Herd nehmen und abkühlen lassen.

Den Kuchen in Stücke schneiden und den Karamellsirup kurz vor dem Servieren darübergießen. Aus dem Teig könnt ihr übrigens auch klassische Madeleines backen. Der Guss allein ist eine Crema catalana.

Karamellküchlein mit Rhabarber und Vanille

Für ca. 10 Personen
(Als Basis für dieses Dessert dient mein Karamellkuchen; Rezept siehe S. 64)

Für die Knuspercornets:
160 g zimmerwarme Butter
375 g Puderzucker
375 g Eiweiß
160 g Mehl

Für das Vanilleeis:
2 Vanilleschoten
¾ l Milch
210 g Eigelb
160 g Zucker
150 g Sahne
150 g Mascarpone

Für den Vanillesirup:
300 g Zucker
3 Vanilleschoten

Für den Rhabarber:
2 mittelgroße Stangen Rhabarber
½ l Rote-Bete-Saft
500 g Zucker

Am Vortag für die Knuspercornets die Butter in der Küchenmaschine oder mit den Quirlen des Handrührgeräts schaumig schlagen, den Puderzucker step by step einrieseln lassen und unterrühren. Dann die Eiweiße langsam und abwechselnd mit dem Mehl dazugeben, bis eine homogene Masse entsteht. Diese Masse kühl gestellt 24 Stunden ruhen lassen.

Am nächsten Tag für das Vanilleeis die Vanilleschoten längs aufschneiden, das Mark herauskratzen und beides zur Milch geben. Die Vanillemilch aufkochen. Inzwischen die Eigelbe und den Zucker in der Küchenmaschine oder mit den Quirlen des Handrührgeräts schaumig schlagen. Die heiße Vanillemilch vom Herd nehmen, Schoten entfernen und die Eigelbmischung zügig unterrühren. Vanille-Ei-Mischung unter ständigem Rühren bei schwacher Temperatur (84 °C) eindicken („zur Rose abziehen"). Die Creme erneut vom Herd nehmen und Sahne und Mascarpone unterrühren. Die Creme in der Eismaschine nach Gebrauchsanweisung gefrieren.

Für den Vanillesirup den Zucker mit 50 ml Wasser in einem Topf zu hellem Karamell kochen. Sobald die gewünschte Farbe erreicht ist, ¼ l Wasser hinzufügen und das Karamell darin auflösen. Die Vanilleschoten längs aufschneiden, das Mark herauskratzen und Schoten und Mark mit in den Sud geben. Das Vanillewasser bei schwacher Hitze sanft zu Vanillesirup einköcheln lassen.

Den Rhabarber kann man gern auch mal würzig kombinieren. Zum Beispiel im Frühsommer mit gebratener Perlhuhnbrust und jungen Lauch servieren.

Für den Rhabarber den Rhabarber putzen und ungeschält in etwa 2 cm breite Stücke schneiden. Den Rote-Bete-Saft in einem Topf mit dem Zucker aufkochen, dann vom Herd ziehen. Die Rhabarberstücke in ein tiefes Backblech oder eine Auflaufform verteilen und mit dem Rote-Bete-Saft übergießen, sodass der Rhababer in dem Saft schwimmt. 30 Minuten ziehen lassen.

Für die Knuspercornets den Backofen auf 180 °C vorheizen. Den Teig hauchdünn mit einer Palette in Kreisen (à etwa 12 cm Durchmesser) auf ein mit Backpapier belegtes Backblech aufstreichen und im Ofen auf der mittleren Schiene etwa 5 Minuten backen. Wenn die heiße Masse aus dem Ofen kommt, heißt es, sich zu beeilen, denn nur dann ist sie noch zu Hörnchen formbar.

Zum Servieren jeweils 1 Stück Karamellkuchen mit etwas eingelegtem Rhabarber auf Desserttellern anrichten. Mit dem Vanillesirup beträufeln und nach Belieben mit frischen Himbeeren und Mandelblättchen garnieren. Dazu die mit Vanilleeis gefüllten Knuspercornets servieren.

Mein Restaurant ist mein Zuhause

Die „Bachstelze“ ist mein wahr gewordener Traum. Die Mischung aus einer italienischen Trattoria und einer Schweizer Berghütte.

Ich denke, dass wir einen guten Beat haben ...

... der auf den Gast überspringt.

Ich kannte die „Bachstelze“ schon lange, schließlich hatte ich in diesem Erfurter „Vordorf“ (Vorort würde schon zu großes suggerieren und ehrlicherweise ist Bischleben schon lange ein Ortsteil Erfurts, was man wegen der eigenständigen Dorfstruktur aber nicht unbedingt erkennt) namens Bischleben schon gewohnt, habe in dem Lokal mit meinem Matthias mehrfach gesessen und rumgesponnen, was man aus dem Laden machen könnte. Nämlich was ganz Großartiges. Hier kannst du „Sonnenallee“ nachdrehen, wenn du den Gästen ein paar geschmacklose frühe 90er-Jahre-Klamotten anziehst.

Ich dachte, ich spinne, als mir der Laden dann angeboten wurde – und habe mir gesagt: jetzt oder nie. Ich war gerade ein halbes Jahr raus aus dem Sternewahnsinn des „Kaisersaals“ und wollte nach dieser intensiven Zeit eigentlich ein wenig länger durchatmen und nachdenken, wie meine nächsten Schritte aussehen könnten. Aber die „Bachstelze“, ein Ausflugslokal der Erfurter von jeher, passte einfach zu sehr wie Arsch auf Eimer. Es war am Anfang auch wichtig für mich, dass es einen so krassen Unterschied zum „Kaisersaal“ darstellte. Schließlich ist das, was wir zu unserer „Bachstelze“ gemacht haben, eher ein Wirtshaus, ein Biergarten, ein Café, in dem man sich und uns quasi familiär begegnet. Eine Mischung aus italienischer Trattoria und Schweizer Berghütte. Nur ohne Berge und Schnee.

„Es ist eng und es kommt nur das auf den Tisch, was die Erfurter Trattoria-Mama gerade gekocht hat. Und ‚der Alte‘ macht den Service.“

Zwei weitere festangestellte Mitarbeiter helfen. Das war's. Aber dadurch, dass wir alle vier genau das machen, was wir so sehr mögen, haben wir einen Flow, den die Gäste mitkriegen, und dieser Beat springt halt auch auf die Kundschaft über. Und dadurch macht nicht nur das Essen Spaß, sondern alles drum herum. Und das fließt dann wieder auf uns zurück, so lassen sich manche Widrigkeiten, der Stress, die Enge gut in Kauf nehmen.

Ich finde es eh wichtig, dass man sich bewusst ist, dass das Leben eines Kochs nicht nur aus Sonnenschein und vor Komplimenten überquellenden Gästen besteht. Jeder Job bringt Dinge mit sich, die es zu meistern gilt, machen wir uns nichts vor. Das war natürlich auch vom ersten Tag an, an dem wir das Projekt „Bachstelze" angegangen sind, zu spüren. Es gab so viele Baustellen, alles musste durchdacht sein. Selbst so scheinbare Kleinigkeiten wie das Servieren von Kaffee haben Matthias und ich vor dem Start thematisiert. Es war klar, dass die „Bachstelze" tagsüber eher Biergarten und Café werden und abends zum schönen, gemütlichen Essen einladen sollte. „Wer soll das alles spülen, wenn am Tag die Leute womöglich nur auf ein Kännchen Kaffee im Freien kommen wollen?" „Indem wir keine Kännchen servieren ...", war die schnelle erste Idee. „Indem wir den Kaffee nicht einmal auf Untertassen servieren, die meisten trinken ihn doch eh schwarz und Zucker können wir ja auf jeden Tisch stellen ..."

Gesagt, getan, bisher hat sich noch kein Gast darüber beschwert, ob wir denn nicht mehr alle Untertassen im Schrank haben. Manches mag für den Gast wie ein Kompromiss wirken. Manchmal mag ein (weit angereister) Gast auch enttäuscht darüber sein, dass das, was er in der „Bachstelze" vorfindet, nicht das ist, was er von der Köchin erwartet, die Erfurts ersten Michelin-Stern erkocht hat. Aber mit gutem Essen, guter Laune und einem guten Team haben wir schon so manchem Gast gezeigt, dass Erwartungshaltung und Realität zwar komplett unterschiedlich sein können, aber trotzdem über alle Maßen zufriedenstellen können.

Der Flow macht's. Wenn er stimmt, gerät alles positiv ins Schwingen.

Geräuchertes Forellenfilet mit Apfelsalsa

Für 2 Personen

Für die Apfelsalsa:
1 süßsaurer Apfel (z. B. Elstar)
Saft und abgeriebene Schale von 2 Bio-Limetten
Salz · ½ TL Zucker
½ TL Cayennepfeffer
2 EL Olivenöl · EL Ahornsirup

Für die Forellenfilets:
2 Filets von der Thüringer Bachforelle (à ca. 150 g; mit Haut)
Olivenöl zum Bestreichen
10 kleine Kapuzinerkresseblätter
ein paar Brennnesselblätter und -dolden
Öl zum Frittieren
3 grüne Tomaten
grobe Salzflocken

Außerdem:
1 Buchenholzbrett und Räucherspäne

Für die Apfelsalsa den Apfel waschen, vierteln und entkernen, Viertel in kleine Würfel schneiden. Die Apfelwürfel in einer Schüssel mit Limettensaft und -schale, ½ TL Salz, Zucker, Cayennepfeffer, Olivenöl und Ahornsirup mischen.

Für die Forellenfilets den Fisch mit der Hautseite nach unten auf das Buchenholzbrett in den Räucherofen legen (alternativ in einen großen Topf mit Deckel und Gittereinsatz). Die Räucherspäne anzünden und die Temperatur auf 45 bis 55 °C einpegeln. Die Fischfilets etwa 45 Minuten räuchern. Dann aus dem Rauch nehmen und ganz sanft, am besten mithilfe einer Palette, von der Haut abheben. Die Forellenfilets mit etwas Olivenöl bestreichen und auskühlen lassen.

Kresseblätter und Brennnesseln waschen und trocken tupfen. Etwas Öl in einer Pfanne erhitzen und die Brennnesseln darin bei schwacher Hitze kurz frittieren. Aus der Pfanne nehmen und beiseitelegen.

Die Tomaten waschen und in dünne Scheiben schneiden, dabei die Stielansätze entfernen. Je 4 Scheiben nebeneinander auf Tellern anrichten und mit etwas Saft von der Salsa beträufeln. Mit einem Hauch Salzflocken würzen und je 1 Forellenfilet darauflegen. Die Salsa auf den Filets arrangieren, die Kresse darüber verteilen und die knusprigen Brennnesselblätter und -blätter on top geben. Als letztes Finish nochmals ein paar Salzflocken darüberstreuen.

Wichtig bei dieser Vorspeise ist es, dass ihr grüne Tomaten verwendet. Nur die haben genügend Säure und machen das Gericht so richtig lecker.

Geflügelrillettes

Für 4–5 Gläser (à 250 ml)

10 Wacholderbeeren
10 Pimentkörner
10 schwarze Pfefferkörner (am besten Bergpfeffer)
5 getrocknete Lorbeerblätter
2 Entenkeulen (à ca. 300 g)
2 Gänsekeulen (à ca. 350 g)
60 g Salz
4 EL brauner Zucker
2 Zweige Thymian
400 g Gänseschmalz

Eine Pfanne erhitzen und alle Gewürze darin duftend anrösten. Den Backofen auf 180 °C vorheizen. Die Einweckgläser mit Deckel sterilisieren.

Die Geflügelkeulen waschen und trocken tupfen. Das Fleisch rundum mit Salz und Zucker würzen, kräftig einmassieren und in einer heißen Pfanne stark anbraten. Die Keulen in ein tiefes Backblech legen, mit reichlich Wasser aufgießen und die angerösteten Gewürze hinzufügen. Im Ofen auf der mittleren Schiene 1 ½ Stunden garen. Dann die weichen Entenkeulen aus dem Ofen nehmen und beiseitelegen. Die Gänsekeulen weitere 60 Minuten fertig garen. Die Gänsekeulen ebenfalls aus dem Sud nehmen und beiseitelegen. Die Backofentemperatur auf 100 °C reduzieren.

Den Fond in einen Topf umfüllen und das Ganze bei starker Hitze auf 200 ml Flüssigkeit reduzieren. Dann den Fond durch ein feines Sieb abgießen.

Den Thymian waschen und trocken tupfen, die Blättchen abzupfen und fein hacken. Die Geflügelkeulen und die Haut in kleinste Stücke zupfen oder schneiden. Alles Fleisch mit dem Thymian und dem abgekühlten Fond mischen und das temperierte Gänseschmalz unterrühren. Die Geflügelrillettes in die Gläser abfüllen, in eine hohe, ofenfeste Form stellen und diese etwa 2 cm hoch mit Wasser füllen. Die Form mit den Gläsern in den Ofen schieben und die Rillettes im Wasserbad 15 Minuten einkochen. Im Kühlschrank hält sich der Aufstrich etwa 4 Wochen.

Um die Rillettes noch etwas zu veredeln, könnt ihr zum Beispiel nach Gusto etwas Zitronenabrieb, geröstete Haselnüsse oder frischen Trüffel hinzugeben.

Zucchinitartelettes

Für 12 Törtchen

Für den Teig:
250 g Dinkelmehl
200 g Roggenmehl
1 Prise Natron
Salz
1 TL Cayennepfeffer
frisch gemahlene Muskatnuss
2 EL Zucker
200 g zimmerwarme Butter (in Würfeln)
1 Ei

Für die Füllung:
2 mittelgroße grüne Zucchini
2 mittelgroße gelbe Zucchini

Für den Guss:
300 g Sahne
4 Eier
100 g Schmand
frisch geriebene Muskatnuss
½ TL Knoblauchpaste (siehe Tipp S. 16)
½ TL Salz
½ TL Zucker
etwas Cayennepfeffer

Außerdem:
Butter für die Förmchen
Mehl für die Arbeitsfläche

Am Vortag für den Teig beide Mehlsorten in einer Schüssel mit Natron, 1 TL Salz, Cayennepfeffer, Muskatnuss und Zucker mischen. Die Butter, das Ei und 70 ml Wasser hinzufügen und alle Zutaten zu einem homogenen Teig verarbeiten. Den Teig zugedeckt mindestens 24 Stunden ruhen lassen.

Am nächsten Tag den Backofen auf 180 °C vorheizen. Zwölf Tarteletteförmchen (à 4 cm Durchmesser) einfetten. Den salzigen Mürbeteig ½ cm dünn ausrollen, Kreise (à etwa 6 cm Durchmesser) ausstechen und die Förmchen damit auslegen. Den Teig im Ofen auf der mittleren Schiene etwa 10 Minuten vorbacken („blindbacken"). Die Ofentemperatur auf 120 °C reduzieren.

Für die Füllung die Zucchini putzen, waschen und mit der Schneidemaschine längs in dünne Streifen schneiden. Die Streifen mit abwechselnder Farbe übereinanderlegen, von der schmalen Seite her aufrollen und wie eine Rose zusammendrehen. Die Zucchinirosen aufrecht in die vorgebackenen Tartelettes stellen.

Für den Guss alle Zutaten verrühren, über die Zucchinitartelettes gießen und diese im Ofen weitere 20 Minuten stocken lassen.

Einfach einen coolen Spargelsalat, abgeschmeckt mit meinem Honig-Senf Dressing (siehe S. 130), dazu servieren. Passt perfekt.

Gebratener Rehrücken mit Rotweinsellerie

Für 4 Personen

Für den Rotweinsellerie:

1 Knollensellerie
1 l Blauer Zweigelt (z. B. aus der Region Saale-Unstrut)
Salz
Zucker
Cayennepfeffer
Knoblauchpaste (siehe Tipp S. 16)
2 frische Lorbeerblätter
3–5 Wacholderbeeren

Für den Rehrücken:

1 Thüringer Rehrücken (ca. 800 g)
Öl zum Anbraten
etwas Butter
50 g gehackter Rosmarin
50 g gemischte Pilze
frisch gemahlener Piment
Salz (nach Belieben)

Für den Rotweinsellerie den Sellerie putzen, schälen und in grobe Würfel schneiden. Den Rotwein in einem Topf mit etwas Salz, Zucker, Cayennepfeffer, Knoblauchpaste, Lorbeerblättern und Wacholderbeeren erhitzen und die Flüssigkeit bei mittlerer Hitze etwa um die Hälfte reduzieren. Dann die Selleriewürfel hinzufügen und im Rotweinsud gar ziehen lassen. Sobald der Sellerie bissfest gegart ist, den Topf vom Herd nehmen und den Sellerie direkt im Rotweinsud erkalten lassen. Dadurch färbt sich der Sellerie intensiv rot. Es empfiehlt sich, den Rotweinsellerie am Vortag zuzubereiten.

Für den Rehrücken den Backofen auf 180 °C Umluft vorheizen. Den Rehrücken auslösen, parieren und in einer heißen Pfanne in etwas Öl rundum ganz kurz anrösten (die Pfanne mit dem Bratfett für später beiseitestellen). Das Fleisch auf ein Backblech legen, 1 Butterflocke und die Hälfte des Rosmarins daraufgeben und im Ofen auf der mittleren Schiene 5 Minuten garen. Herausnehmen und das Fleisch 10 Minuten ruhen lassen. Den Rehrücken vor dem Servieren mit etwas flüssiger Butter bestreichen („nappieren“).

Die Pilze putzen und, falls nötig, trocken abreiben. Die Pilze je nach Größe halbieren oder vierteln und in der Pfanne im Bratfett vom Rehrücken anbraten. Etwas Butter, den restlichen Rosmarin und etwas Piment dazugeben und mit den Pilzen anrösten. Nach Belieben mit Salz abschmecken.

Den Rehrücken serviere ich gerne mit meinen Karamellmaroni (siehe S. 90) und etwas Kirschmarmelade (siehe S. 118). Perfekt!

Den Rehrücken zum Servieren in Stücke schneiden und mit dem Rotweinsellerie und den Pilzen anrichten.

Entenbrustfilet mit Pfirsich und Rosmarin

Für 3–4 Personen

1 großer Rosmarinzweig
2 weibliche Entenbrustfilets (à ca. 200 g)
50 g Butter
1 Kräutersaitling
2 reife, weiße Pfirsiche
Salz
Zucker
Cayennepfeffer
grobe Salzflocken

Den Backofen auf 180 °C vorheizen. Den Rosmarin waschen, trocken tupfen und die Nadeln grob abzupfen. Die Entenbrustfilets waschen, trocken tupfen und Silberhäute und Sehnen entfernen. Eine Pfanne ohne Fett erhitzen und die Filets darin auf der Hautseite bei schwacher Hitze goldgelb anbraten. Das Fleisch wenden und nur ganz kurz auf der Fleischseite braten. Beide Filets auf ein Backblech legen, einige Rosmarinnadeln und je 1 Butterflocke daraufgeben und im Ofen auf der mittleren Schiene 7 bis 8 Minuten garen (je nach Größe der Entenbrust). Das Fleisch herausnehmen und an einem temperierten Ort 15 Minuten ruhen lassen.

Inzwischen den Kräutersaitling putzen und, falls nötig, trocken abreiben. Die Pfirsiche waschen, trocken reiben, halbieren und entsteinen. Pfirsiche und Kräutersaitling in grobe Scheiben schneiden. Zuerst den Pilz in einer Pfanne in etwas Butter goldgelb anbraten, dann die Pfirsiche dazugeben und kurz durchschwenken. Kräftig mit Salz, Zucker und Cayennepfeffer würzen.

Den übrigen Rosmarin in der restlichen Butter bei schwacher Hitze ausbacken. Kurz vor dem Servieren die Entenbrustfilets nochmals in einer heißen Pfanne ganz kurz auf der Hautseite braten, damit diese schön kross wird. Entenbrustfilets, Pfirsiche und Kräutersaitling in der Pfanne mit der restlichen Rosmarinbutter arrangieren, den gebackenen Rosmarin darüberstreuen und mit einigen Salzflocken veredeln.

Generell solltet ihr nie hochwertiges Fleisch unnütz überwürzen. Salz ist das einzige aromatische „Parfüm", das Geflügel braucht.

Mamas Mokkacreme

Für 4 Personen

Für den Mokkapudding:
5 doppelte Espresso
100 g Sahne
50 g Zucker
2 EL Speisestärke

Für die Schokoladenkrümel:
100 g zimmerwarme Butter
80 g Dinkelmehl
20 g Kakaopulver (entölt)
50 g Zucker

Für die Joghurtcreme:
100 g griechischer Joghurt
Saft von 1 Orange
50 g Zucker

Für den Mokkapudding den Espresso in einem Topf mit 50 g Sahne und dem Zucker aufkochen. Die restliche Sahne mit der Stärke vermischen und in die heiße Mokkasahne rühren, bis ein dicker Pudding entsteht. Den Pudding vom Herd ziehen und etwa 2 Stunden auskühlen lassen.

Für die Schokoladenkrümel den Backofen auf 180 °C vorheizen. Alle Zutaten miteinander mischen, auf ein mit Backpapier belegtes Backblech krümeln und im Ofen auf der mittleren Schiene etwa 7 Minuten backen.

Für die Joghurtcreme alle Zutaten miteinander verrühren.

Vor dem Servieren den Pudding nochmals frisch aufrühren. Abwechselnd den Pudding und die Joghurtcreme in kleine Dessertgläser oder Espressogläser schichten und darüber die Schokokrümel streuen. Nach Belieben ein Eierplätzchen (siehe S. 92) dazu servieren.

Auch fein: das Dessert mit 1 Kugel Vanilleeis servieren und diese mit einem heißen Espresso übergießen.

Maronimousse mit Karamellmaroni

Für 4 Personen

Für die Mousse:
250 g Sahne
1 Eiweiß
Salz · Zucker
1 Blatt Gelatine
50 g weiße Schokolade
150 g Maronipüree (gesüßt)
45 ml Kirschwasser

Für die Karamellmaroni:
100 g Zucker
150 g Sahne
100 g Maroni (vorgegart)

Außerdem:
Orangentuiles (siehe S. 62) und Johannisbeeren für die Deko

Für die Mousse Sahne steif schlagen und beiseitestellen. Eiweiß mit je 1 Prise Salz und Zucker zu steifem Schnee schlagen und beiseitestellen. Gelatine in kaltem Wasser etwa 5 Minuten einweichen.

Die weiße Schokolade grob hacken und in einer Metallschüssel über dem heißen Wasserbad schmelzen. Die Gelatine gut ausdrücken und unter Rühren in 50 g geschlagener Sahne auflösen. Die Sahnemischung unter die geschmolzene Schokolade rühren.

Das Maronipüree mit dem Kirschwasser in der Küchenmaschine glatt aufrühren. Erst die Schokoladenmasse langsam einlaufen lassen, dann abwechselnd den Eischnee und die restliche geschlagene Sahne mit einem Schneebesen unterziehen.

Für die Karamellmaroni den Zucker in einem Topf bei mittlerer Hitze karamellisieren. Mit der Sahne ablöschen, die Maroni in das Sahnekaramell geben und rundum damit bedecken.

Maronimousse ist ein klassisches Schweizer Dessert in der Herbst- und Winterzeit. Kombiniert mit Lebkuchen, ein echter Hochgenuss.

Die Maronimousse in einen Spritzbeutel mit glatter Tülle füllen und dekorativ auf Teller spritzen. Die Karamellmaroni darauf arrangieren und mit Orangentuiles, Johannisbeeren und nach Belieben süßen Bröseln (siehe S. 30) verzieren.

Eierplätzchen

Für 80–100 Stück

Für die 1. Masse:
300 g weiße gemahlene Mandeln
300 g Puderzucker
110 g Eiweiß

Für die 2. Masse:
300 g Zucker
125 g Eiweiß
Salz

Für die Füllung:
Limonencreme (siehe S. 122), fein gemixte Kirschmarmelade (siehe S. 118) oder Karamellcreme (aus dem Glas)

Außerdem:
Lebensmittelfarbe (nach Wahl)

Für die 1. Masse die Mandeln mit dem Puderzucker in der Küchenmaschine fein mahlen. Step by step das Eiweiß hinzufügen, bis eine klebrige Masse entsteht.

Für die 2. Masse den Zucker mit 75 ml Wasser im Topf auf 115 °C erhitzen. Das Eiweiß mit 1 Prise Salz in der Küchenmaschine zu steifem Schnee schlagen. Das heiße Zuckerwasser langsam und unter ständigem Rühren zum Eischnee gießen (am besten einfach die Maschine laufen lassen). Sobald die Eiweiß-Zucker-Masse kalt geschlagen ist, diese vorsichtig mit einem Gummispachtel unter die 1. Masse ziehen. Bitte nicht mit dem Schneebesen, damit der Teig schön luftig bleibt.

Selbstverständlich lassen sich die Eierplätzchen auch auf natürliche Weise einfärben. Für gelbe einfach 2 Fäden Safran mit ins Wasser geben. Für grüne gemahlene Pistazien statt der Mandeln verwenden. Für rote anstatt Wasser Rote-Bete-Saft nehmen. Für schokoladenfarbene (je nach Intensität) einfach etwas Kakaopulver zum Wasser geben.

Den Teig je nach Farbwunsch portionieren und mit einigen Tropfen Lebensmittelfarbe einfärben. Jeden Teig separat in einen Spritzbeutel mit kleiner Lochtülle füllen und kleine Tropfen auf eine Backmatte spritzen („dressieren“).

Hier sind der Fantasie wieder keine Grenzen gesetzt. Je nach Farbe entscheide ich mich hier auch für den Inhalt. Für die gelben Plätzchen empfehle ich zum Beispiel meine Limonencreme. Für die hellbraunen Karamellcreme und für die roten meine Kirschmarmelade, aber noch etwas feiner gemixt.

Die kleinen Eierplätzchen mindestens 30 Minuten bei Zimmertemperatur antrocknen lassen.

Den Backofen auf 180 °C (Ober-/Unterhitze) oder 140 °C (Umluft) vorheizen. Die Eierplätzchen im Ofen auf der mittleren Schiene etwa 20 Minuten (je nach Größe) backen.

Die Eierplätzchen aus dem Ofen nehmen und abkühlen lassen. Auf die Hälfte der Plätzchen etwas Füllung aufspritzen und mit einem zweiten Plätzchen zusammensetzen.

Mein Garten ...
hat immer
wieder
Neuentdeckungen
parat.
Und Vertrautes,
selbst
angebaut.

Wer sich damit beschäftigt ...

... was um einen herum wächst, spart sich so manchen Einkauf.

So wie es für mein Leben und meine Einstellung dazu gilt, halte ich es im Grunde auch bei vielen Dingen, die mit Kochen, Ernährung und Genuss zu tun haben: Ich bin immer auf der Suche. Ich bin immer neugierig. Mich interessiert einfach zu viel, weswegen mir auch nie langweilig wird. Das gilt auch für Zutaten. Manche Händler, die uns beliefern, haben auf einmal ein neues Produkt im Sortiment: Maria muss es unbedingt ausprobieren. Was kann ich damit machen? Womit kann ich es kombinieren? Das gilt aber auch im Kleinen. Beim Waldspaziergang, wenn ich dann halt Matthias davon überzeuge, dass es nicht immer nur Maronen oder Steinpilze sein müssen, die wir sammeln, wenn doch auch Maischwämme oder Totentrompeten zu finden sind (ich weiß, engagierte Pilzsammler finden, dass das nicht wirklich ausgefallene Arten sind). Die Wahrscheinlichkeit, dass da was schiefgeht, ist ja auch gering, wenn man sich zum Beispiel mit einer App damit beschäftigt, was alles im Wald zu finden ist. Übrigens: Meine Oma, eine bewundernswerte Frau und leidenschaftliche Pilzsammlerin, ist jetzt 85 und die hat viel ausprobiert, als es natürlich noch gar keine App gab, mit der man identifizieren konnte, was man in den Korb gepackt hatte. Oma hat viel mitgemacht und das hat sie eben auch geprägt! Und in den einfachen Dingen das Besondere zu entdecken, hat sie mich gelehrt. Wie sie suche ich übrigens auch in meiner unmittelbaren Nähe nach Neuem. Am Wegesrand oder besonders im Garten. Vogelmiere, Scharfgabe oder das Grün von wilden Möhren: Egal, ob da ein Wildkräutersalat draus wird oder ein wunderbares Pesto für eine schnelle Pasta. Hast du einen guten Mixer, dann geht das auch noch superschnell. Was willst du mehr?

„Der liebe Gott hat das schon alles gut organisiert und uns viel geschenkt."

Und kommt mir jetzt nicht damit, dass am Wegesrand Autos nicht fern sind und im Garten der Hund draufgepullert haben könnte. Bei euch kommt doch auch sauberes Wasser aus dem Hahn. Und ihr glaubt doch nicht, dass der in Folie verschweißte Salat im Supermarkt glücklich oder artgerecht aufgewachsen ist? Der hat im Zweifel noch nicht einmal unsere gute Mutter Erde an seinen Wurzeln gehabt, sondern ist in einem Kunststoff-was-weiß-ich-Gemisch aufgezogen worden. Wenn ihr nicht gerade auf dem Markt einkauft, werdet ihr im abgepackten Salat aus dem Discounter daher auch nur wirklich sehr selten eine Schnecke finden. Aber Schnecken lieben Salat. Das wirkt doch ein wenig unnatürlich, oder? Aber ich will kein besserwissendes Ostmädchen sein, ich weiß, dass es günstig und bequem ist und es manchmal keine andere Wahl gibt. Daher noch einmal der Tipp: Augen auf im Umland! Beeren und Nüsse sind auch gute Beispiele. Und wenn ihr dem Wildwuchs nicht traut, pflanzt mal was selbst an. Etwas, das auch auf dem Balkon ganz einfach klappt, beispielsweise der eigene Kräutergarten. Ich habe immer büschelweise Rosmarin, Salbei, Thymian, Petersilie, Minze, aber auch Borretsch, Bärlauch, Kapuzinerkresse und Majoran im Garten. Aber nicht nur Kräuter oder so was Profanes, wie Rhabarber oder Holunder. Ich experimentiere darüber hinaus mit manchem rum, das dann im Winter eingeht. Ich hatte letztes Jahr aber dafür eine beachtliche Ernte Zitronengras und wirklich schön scharfe Chilischoten aus dem eigenen Garten. Und ich bin ganz stolz darauf, dass ich eine Limette ernten konnte. Okay, nur eine. Und die war sehr klein. Aber auch wunderbar fruchtigsauer.

Schwarze Walnüsse

Für 1 kleines Glas

6 unreife Walnüsse mit Schale
50 ml Madeira (portugiesischer Likörwein)
etwas Vanillemark
100 g Zucker

Die Schale der Walnüsse mit einer stumpfen Nadel ringsherum anstechen und die Nüsse in 1 l frisches Wasser einlegen. Die Nüsse 10 Tage darin ziehen lassen, dabei das Wasser täglich zweimal erneuern.

Nach 10 Tagen das Einweckglas mit Deckel sterilisieren. Den Backofen auf 100 °C Umluft vorheizen. Die Walnüsse abgießen, gründlich abtrocknen und in das Glas füllen. Madeira, Vanillemark und Zucker mit 50 ml Wasser aufkochen und die Walnüsse mit dem Sud bedecken.

Das Einweckglas verschließen. Das Glas in eine hohe ofenfeste Form stellen und diese etwa 2 cm hoch mit Wasser füllen. Die Form mit dem Einweckglas in den Ofen schieben und die schwarzen Nüsse im Wasserbad 30 Minuten einkochen. Herausnehmen, abkühlen lassen und an einem dunklen Ort mindestens 3 Monate ziehen lassen.

Aufgeschnitten passen die Nüsse perfekt zu einem würzigen Weichkäse. Es muss ja nicht immer Marmelade oder Feigensenf sein.

Chiliöl

Für 600 ml

300 g frische Chilischoten (Habaneros)
600 ml feines Olivenöl

Eine Flasche (700 ml) mit breiter Öffnung gründlich ausspülen. Die Chilischoten waschen und trocken tupfen.

Jetzt gibt es zwei Möglichkeiten: entweder die Chilischoten in die Flasche füllen, mit dem Olivenöl übergießen und an einem dunklen Ort mehrere Monate ziehen lassen. Oder die Chilischoten vorher längs halbieren, bevor sie mit dem Öl übergossen werden, dann habt ihr schon nach wenigen Wochen ein wunderbar scharfes Öl.

Das Chiliöl eignet sich zum Verfeinern vieler Gerichte. Bei mir hat es daher immer einen festen Platz auf dem Esstisch.

Pilzpesto

Für 180 g

100 g getrocknete Steinpilze
1 Schalotte
100 g Champignons
Olivenöl
Salz
Cayennepfeffer
Zucker
Knoblauchpaste
(siehe Tipp S. 16)

Die getrockneten Steinpilze über Nacht in etwas Wasser einweichen.

Am nächsten Tag die Schalotte schälen und in feine Würfel schneiden. Die Champignons putzen und, falls nötig, trocken abreiben. Die Champignons in sehr kleine Würfel schneiden und in etwas Olivenöl goldbraun anrösten. Die Schalottenwürfel erst zum Schluss hinzufügen und mitdünsten. Die Champignons kräftig mit Salz, Cayennepfeffer, Zucker und Knoblauchpaste würzen.

Das Pesto dient als wunderbare Basis für viele pikante Gerichte. Oder ihr serviert es einfach mit Pasta und Parmesan – großartig!

Nun die eingeweichten Steinpilze (erst mal ohne Einweichflüssigkeit) mit den Champignons in ein hohes Rührgefäß geben und mit dem Stabmixer fein pürieren. Falls nötig, noch etwas vom Steinpilzwasser dazugeben. Das Pilzpesto in ein sauberes Schraubglas abfüllen und verschließen. Im Kühlschrank ist es etwa 1 Woche haltbar.

Tomatenpesto

Für 300 ml

100 g Walnusskerne
100 g Parmesan (am Stück)
200 g getrocknete Tomaten (in Öl)
Olivenöl

Die Walnüsse in einer Pfanne ohne Fett duftend anrösten. Vom Herd nehmen und abkühlen lassen. Den Parmesan grob reiben. Die Tomaten abtropfen lassen.

Die Nüsse mit den getrockneten Tomaten und dem Parmesan mit dem Stabmixer fein pürieren. Das Pesto in ein sauberes Einweckglas füllen, 1 Schuss Olivenöl darübergeben und das Glas gut verschließen. So ist das Pesto konserviert und hält eine Weile.

Das Pesto ist ein wunderbarer Saucenersatz und generell eine großartige Würzpaste für viele Speisen. Gern könnt ihr die Walnüsse auch mal durch Haselnüsse ersetzen.

Curry-Tomaten-Brot

Für 1 großes Brot

1 Würfel Hefe
80 g Currypulver
Salz
1 EL Zucker
1 kg Mehl
Mehl für die Arbeitsfläche
100 g Tomatenpesto (siehe S. 104)

Die Hefe in 200 ml Wasser unter Rühren auflösen. Currypulver, 2 TL Salz und Zucker untermischen und das Mehl portionsweise einarbeiten, bis ein homogener Teig entsteht.

Den Teig auf der bemehlten Arbeitsfläche zu einem 1 cm dicken Rechteck ausrollen und gleichmäßig mit dem Tomatenpesto bestreichen. Das Rechteck von der Längsseite her zu einer Baguettestange zusammenrollen und bei Zimmertemperatur 30 Minuten gehen lassen.

Den Backofen auf 200 °C Umluft vorheizen. Das Curry-Tomaten-Brot auf ein mit Backpapier belegtes Backblech legen und im Ofen auf der mittleren Schiene erst 10 Minuten backen. Dann die Ofentemperatur auf 170 °C reduzieren und das Brot weitere 10 Minuten backen.

Ersetzt man das Wasser durch Rote-Bete-Saft, wird der Teig herrlich pink. Grünes Pesto bildet dazu einen tollen Farbakzent.

Frühsommersalat

Für 4 Personen

2 Stangen Rhabarber
200 ml Rhabarbersaft
220 g Zucker
10 Stangen grüner Spargel
1 gelbe Zucchini
2 Handvoll gemischte (Wild-)Kräuter
(z. B. Minze, Dill, Vogelmiere, Gundermann, Taubnessel)
½ kleine Bio-Salatgurke
100 g milder Ziegenfrischkäse
Saft und Zesten von 1 Bio-Zitrone
100 ml kräftiges Olivenöl
grobe Salzflocken

Rhabarber putzen, waschen und in 10 cm lange Stifte schneiden. Rhabarbersaft in einem Topf mit 200 g Zucker aufkochen und den heißen Sud über die Rhabarberstifte gießen. Topf vom Herd nehmen, zudecken und den Rhabarber etwa 30 Minuten ziehen lassen.

Den Spargel waschen und im unteren Drittel schälen, die holzigen Enden abschneiden. Die Spargelstangen längs halbieren und in einer heißen Pfanne wenige Sekunden scharf anbraten. Mit wenig Wasser ablöschen und das Wasser sofort wieder verdampfen lassen.

Die Zucchini putzen, waschen und längs in feine Streifen hobeln. Die Kräuter verlesen, waschen, trocken schütteln und, falls nötig, etwas klein zupfen. Die Gurke waschen und in Scheiben schneiden. Spargel, Zucchini und Gurkenscheiben auf Tellern anrichten. Die Kräuter darauf drappieren und die Rhabarberstifte als optische Highlights im Salat verstecken. Den Ziegenkäse darüberbröckeln und Zitronensaft und -zesten sowie das Olivenöl über dem Salat verteilen. Den Frühsommersalat mit restlichem Zucker und Salzflocken würzen und ihn sich schmecken lassen.

Ohne viel Aufwand lässt sich dieser Salat zubereiten. Dazu noch etwas Brot mit Schinken reichen und schon hat man eine vollwertige Mahlzeit.

Gefüllte Paprikaschoten mit Tomatensugo

Für 4 Personen

Für den Tomatensugo:
2 kg sonnengereifteTomaten
2 kg Cocktailtomaten
2 EL Butter
1 EL Dinkelmehl
frisch geriebene Muskatnuss
Salz
Cayennepfeffer
Zucker
Knoblauchpaste (siehe Tipp S. 16)
etwas Olivenöl

Für die Paprikaschoten:
12 Mini-Paprikaschoten
100 g Rote-Bete-Couscous (siehe S. 112)
100 g Schafskäse (Feta)
50 g gehackter Thymian
30 g gehackte Pistazien
Salz
Cayennepfeffer
Zucker
Knoblauchpaste (siehe Tipp S. 16)

Für den Tomatensugo die reifen Tomaten überbrühen, häuten und vierteln, dabei die Stielansätze entfernen. Die Cocktailtomaten halbieren und mit den gehäuteten Tomaten in einem Topf bei schwacher Hitze 2 bis 3 Stunden sanft köcheln. So verdampft langsam das Wasser aus den Tomaten und ein dickerer Sugo entsteht. Vom Herd nehmen und abkühlen lassen.

Inzwischen für die Paprikaschoten den Backofen auf 120 °C vorheizen. Die Deckelchen von den Paprika abschneiden, vorsichtig die Kerngehäuse entfernen und die Paprikaschoten waschen.

Den Couscous in einer Schüssel mit Schafskäse, Thymian und Pistazien mischen und mit Salz, Cayennepfeffer, Zucker und Knoblauchpaste kräftig würzen. Die Paprikaschoten aufrecht in eine ofenfeste Form setzen und gleichmäßig mit der Couscousmischung füllen. Die Paprikadeckelchen wieder daraufsetzen und die Mini-Paprika im Ofen auf der mittleren Schiene sanft garen, sodass die Farbe der Paprika erhalten bleibt.

Für den Tomatensugo die Butter in einem zweiten Topf zerlassen und das Mehl darin unter Rühren anschwitzen. Den Tomatensugo dazugießen und bei mittlerer Hitze 20 Minuten durchköcheln. Mit den übrigen Zutaten kräftig würzen, mit Olivenöl abschmecken und mit dem Stabmixer fein pürieren. Mit den Paprikaschoten anrichten. Wer mag, bröckelt noch etwas Feta darüber.

Der Tomatensugo eignet sich perfekt zum Einkochen. Ihr könnt ihn auch gern nach Belieben mit frischen Kräutern oder weiteren Gewürzen verfeinern.

Rote-Bete-Couscous mit Blaubeeren

Für 2 Personen

100 ml Rote-Bete-Saft
½ TL Knoblauchpaste (siehe Tipp S. 16)
½ TL Cayennepfeffer
½ TL Zucker
½ TL Salz
1 EL Sonnenblumenöl
100 g Couscous
1 TL Chiasamen
Saft und Zesten von 1 Bio-Limette
100 g Blaubeeren

Den Rote-Bete-Saft in einem Topf aufkochen und Knoblauchpaste, Cayennepfeffer, Zucker und Salz hineinrühren. Das Öl hinzufügen und den Couscous einstreuen. Einmal umrühren, den Topf vom Herd nehmen und den Couscous mit geschlossenem Deckel etwa 10 Minuten ziehen lassen.

Dann den Couscous mehrmals mit einer Gabel umrühren und auflockern. Chiasamen, Limettensaft und -zesten dazugeben. Die Blaubeeren verlesen, waschen, trocken tupfen und unter den Couscous heben. Fertig!

Gern könnt ihr den Couscous auch statt mit Blaubeeren mit Himbeeren, Granatapfelkernen oder Brombeeren verfeinern.

Eingekochte Holunderbeeren

Für 1 kleines Glas (ca. 100 ml)

100 g reife Holunderbeeren
100 ml Aroniasaft
50 g Zucker
etwas Vanillemark

Das Einweckglas mit Deckel sterilisieren. Den Backofen auf 100 °C Umluft vorheizen. Die Holunderbeeren verlesen, waschen und in das Glas füllen.

Aroniasaft, Zucker und Vanillemark in einem kleinen Topf aufkochen. Die Holunderbeeren mit dem heißen Sud übergießen. Das Einweckglas in eine hohe ofenfeste Form stellen und diese etwa 2 cm hoch mit Wasser füllen. Die Form mit dem Einweckglas in den Ofen schieben und die Holunderbeeren im Wasserbad 10 Minuten einkochen.

Eingeweckte Holunderbeerkapern

Für 1 kleines Glas (ca. 100 ml)

100 g grüne Holunderbeeren
80 g Zucker
20 g Salz
20 ml Essigessenz
3 schwarze Pfefferkörner

Das Einweckglas mit Deckel sterilisieren. Den Backofen auf 100 °C erhitzen. Die Holunderbeeren verlesen, waschen und in das Glas füllen. In einem Topf alle übrigen Zutaten mit 150 ml Wasser erhitzen und aufkochen lassen.

Die Holunderbeeren mit dem heißen Sud übergießen. Das Einweckglas in eine hohe ofenfeste Form stellen und diese etwa 2 cm hoch mit Wasser füllen. Die Form mit dem Glas in den Ofen schieben und die Holunderkapern im Wasserbad 15 Minuten einkochen.

Die eingekochten Holunderbeeren passen nicht nur zu Süßspeisen wie Buchteln, sondern auch als süßes Highlight zu gebratenem Rehrücken.

Die Holunderbeerkapern eignen sich wunderbar zum Abschmecken von pikanten Salaten, zum Beispiel von Kartoffelsalat, oder von Remouladensauce.

Schnapskirschen hell

Für 1 großes Glas (500 ml)

300 g frische helle Kirschen (Süßkirschen)
100 g Zucker
½ ausgekratzte Vanilleschote
2 Safranfäden
100 ml Gin

Das Einweckglas mit Deckel sterilisieren. Den Backofen auf 100 °C Umluft vorheizen.

Die Kirschen verlesen, waschen, entsteinen und in das Glas füllen.

Die übrigen Zutaten mit 50 ml Wasser in einem kleinen Topf zum Kochen bringen. Die Kirschen mit dem heißen Sud übergießen und komplett damit bedecken. Das Einweckglas sorgfältig verschließen.

Das Glas in eine hohe ofenfeste Form stellen und diese etwa 2 cm hoch mit Wasser füllen. Die Form mit dem Einweckglas in den Ofen schieben und die Schnapskirschen im Wasserbad 25 Minuten einkochen.

Schnapskirschen dunkel

Für 1 großes Glas (500 ml)

300 g frische dunkle Kirschen (Süßkirschen)
100 g Zucker
½ ausgekratzte Vanilleschote
50 ml Wodka
100 ml dunkler Portwein

Die Zutaten wie im Rezept oben verarbeiten.

Die Schnapskirschen sind nicht nur in der Weihnachtszeit ein Hochgenuss, sondern zum Beispiel auch in den ersten Herbstwochen in einer Tasse kräftigem Tee das i-Tüpfelchen für die innere Wärme.

Schnaps-
kirschen
Schnaps-
kirschen

Sauerkirsch-marmelade

Für 1 kleines Glas (ca. 200 ml)

200 g Sauerkirschen
200 g Zucker
etwas Vanillemark
1 Schuss Kirschwasser

Das Einweckglas mit Deckel sterilisieren. Die Kirschen verlesen, waschen und entsteinen.

Die Kirschen in einem Topf mit Zucker und Vanillemark unter Rühren bei schwacher Hitze aufkochen und etwa 15 Minuten köcheln lassen. Trübstoffe und Schaum dabei immer schön abschöpfen. Den Backofen auf 100 °C Umluft vorheizen.

Am Ende der Garzeit das Kirschwasser unterrühren. Die Kirschen ins Glas abfüllen und das Glas verschließen. In eine hohe ofenfeste Form stellen und diese etwa 2 cm hoch mit Wasser füllen. Die Form mit dem Einweckglas in den Ofen schieben und die Kirschen im Wasserbad 10 Minuten einkochen.

Mein Favorit: die Sauerkirschmarmelade im Verhältnis 1:1 mit Sauerrahm auf geröstetes Schwarzbrot streichen und genießen.

Kirsch-
marmelade-
-sauce

Omas Pflaumenmus

Für ca. 6 Gläser (à 250 ml)

3 kg Pflaumen
1 Sternanis
4 Pimentkörner
1 Gewürznelke
½ Zimtstange
200 g Zucker
3 EL Essigessenz

Die Pflaumen waschen, halbieren und entsteinen. Eine Pfanne erhitzen und darin Sternanis, Piment, Gewürznelke und Zimtstange trocken anrösten.

Den Backofen auf 100 °C vorheizen. Die Einweckgläser mit Deckeln sterilisieren. Die Pflaumenhälften auf einem tiefen Backblech verteilen, mit dem Zucker bestreuen und mit der Essigessenz beträufeln. Die gerösteten Gewürze untermischen. Die Pflaumen im Ofen mit leicht geöffneter Ofentür etwa 5 Stunden garen. Je nach Qualität der Pflaumen kann sich die Garzeit auch verkürzen. Es soll eine richtig klebrige Pflaumenmasse entstehen.

Das Pflaumenmus in die Gläser abfüllen und gut verschießen. Die Einweckgläser in eine hohe ofenfeste Form stellen und diese etwa 2 cm hoch mit Wasser füllen. Die Form mit den Gläsern in den Ofen schieben und das Pflaumenmus im Wasserbad 10 Minuten einkochen.

Das Pflaumenmus ist eine wunderbare Füllung für Quarkknödel (siehe S. 30).

Limonencreme

Für 1 kleines Glas (ca. 150 ml)

10 Bio-Zitronen
4 Eier
200 g Zucker
90 g kalte Butter (in Würfeln)

4 Zitronen heiß abwaschen, trocken reiben und die Schale fein abreiben. Alle Zitronen auspressen – man benötigt insgesamt etwa 170 ml Saft.

Zitronenschale und -saft mit den Eiern und dem Zucker in einer Metallschüssel im heißen Wasserbad aufschlagen, bis eine cremige Masse entsteht, ähnlich wie ein zarter Pudding. Die Masse aus dem Wasserbad nehmen und die kalten Butterwürfel unter ständigem Rühren unterziehen. Dabei darf sich das Fett nicht absetzen, damit eine homogene Masse entsteht.

Die Limonencreme in ein sauberes Schraubglas füllen, verschließen und kühl stellen. Fertig ist ein klassischer Brotaufstrich, wie ihn (inzwischen nicht nur) die Engländer mögen.

Gebackene Mürbeteigtaler mit der Limonencreme bestreichen und etwas dunkle Schokolade darüberraspeln – fertig ist ein schnelles, leckeres Gebäck.

Wenn wir feiern ...

feiern wir richtig.
Das Essen wird
zur Nebensache.
Und ist deshalb so
wichtig.

Wer richtig gut feiern will, muss noch besser vorbereiten.

Ich habe ja schon an einer anderen Stelle gesagt, dass es mir total wichtig ist, dass nicht alles so kompliziert ist. Du musst ja auch da sein für die Leute bei all dem Zinnober, den man so in der Küche veranstalten kann. Kochen wird ja immer mehr zum Event, nicht nur im Restaurant, auch und erst recht zu Hause. Man ist immer besser ausgestattet, kommt an immer ausgefallenere Zutaten ran, hat ja schon vieles in Kochshows im Fernsehen gesehen. Du lädst Freunde ein, das feinste Porzellan kommt auf den Tisch, ein teurer Wein vielleicht auch. Der muss natürlich die richtige Temperatur haben und am besten hat man das passende Glas zum Wein.

Nicht falsch verstehen, das alles ist auch toll. Jede Minute, die wir mehr am Herd verbringen, indem wir frische Zutaten klein schneiden und zubereiten, anstatt ein tiefgefrorenes Fertigprodukt in die Mikrowelle zu schieben, ist eine lebensbereichernde Minute. Im Übrigen ist es, auch die eigene Arbeitszeit mitgerechnet, preiswerter, selbst zu kochen. Aber Leute, seid einfach nicht zu kompliziert! Ich höre immer wieder als Ausrede, warum Menschen nicht kochen: Das ist doch alles so aufwendig. Ne, ne, selbst mit wenigen banalen Dingen kann man unfassbar Geiles auf den Tisch bringen.

Ein leckerer Kartoffelstampf braucht eine tolle Kartoffel. Fahrt ruhig mal auf den nächstgelegenen Wochenmarkt, da kostet das Kilo nicht viel mehr als im Supermarkt. Aber ihr könnt dem Landwirt, der die Kartoffeln angebaut hat, in die Augen schauen, Fragen stellen, bestimmt sucht er euch sogar welche in gleicher Größe heraus. Ich schwör euch, die Knolle schmeckt automatisch besser. Ne gute Butter dazu, die gibt es womöglich am Stand nebenan, Salz, das war's. Und wenn ihr keine Butter habt, nehmt Sahne, und wenn ihr keine Sahne habt, nehmt Mascarpone.

Einfach mal machen. Fürs Kochen braucht es nicht mehr als gute Zutaten und Freude an der Sache. Legt los und habt Spaß!

Natürlich könnt ihr auch alles im Supermarkt kaufen. Aber lasst die Finger weg vom Kartoffelpüree in Pulverform, das man einfach nur mit Wasser aufquellen lässt. Auch wenn das natürlich Zeit spart und es euch das Kartoffelschälen abnimmt. Es hört sich vielleicht widersprüchlich an, aber trotzdem dürft ihr eines nicht vergessen:

„Ihr braucht das direkte Ziel. Ohne Umwege."

Ihr hat keine Service-Mitarbeiter. Auch, wenn es natürlich nett ist, wenn euer Partner, eure Kinder oder Omi oder Opi euch helfen. Aber die Gäste – lasst sie bloß nicht zu lange allein im Wohn- oder Esszimmer. Es gibt so viele wirklich leckere Dinge, die ihr, auch in

größerer Menge gut vorbereiten könnt. Denkt doch nur mal an Antipasti, die bestellt ihr doch bestimmt auch gern bei eurem Stamm-Italiener. Was meint ihr, wie die erst mal schmecken, wenn ihr sie selbst zubereitet habt? In diesem Kapitel findet ihr neben Antipasti-Varianten noch ein paar Rezepte, die ihr auch bei einer größeren Anzahl an Gästen gut vorbereiten könnt.

Bunter Kartoffelsalat

Für 4–10 Personen (Beilage oder Büfett)

Für den Kartoffelsalat:
1 kg kleine junge Kartoffeln
Salz
100 g Möhren
100 g Knollensellerie
100 g grüne Bohnen
3 rote Zwiebeln
100 g gehackter Thymian
30 g Maria Ostzone Brotzeit (oder ein anderes Brotzeitgewürz)

Für das Honig-Senf-Dressing:
150 ml Sonnenblumenöl
70 ml milder Essig
1 EL Zucker
1 EL Cayennepfeffer
1 EL Knoblauchpaste (siehe Tipp S. 16)
1 EL Bienenhonig (am besten aus Thüringen)
2 EL körniger Senf (am besten aus Kleinhettstedt)
1 EL mittelscharfer Senf (am besten aus Kleinhettstedt)

Für den Kartoffelsalat die Kartoffeln mit der Schale gründlich waschen und in Salzwasser etwa 20 Minuten weich garen. Möhren und Sellerie putzen, schälen und in feine Würfel schneiden. Die Bohnen putzen, waschen und klein schneiden. Die Zwiebeln schälen und in feine Würfel schneiden. Kurz vor Ende der Garzeit Möhren, Sellerie und Bohnen zu den Kartoffeln geben und kurz mitgaren. Alles in ein Sieb abgießen und kurz ausdampfen lassen. Die Kartoffeln halbieren. Alles in eine Schüssel geben.

Für das Dressing Öl und Essig mit 50 ml Wasser, Zucker, 1 TL Salz, Cayennepfeffer, Knoblauchpaste, Honig und beide Senfsorten in einem hohen Rührbecher mit dem Pürierstab mixen.

Das Dressing über die Kartoffeln und die Gemüsewürfel gießen. Zwiebeln und Thymian untermischen und den Kartoffelsalat mindestens 1 Stunde durchziehen lassen. Kurz vor dem Servieren nochmals richtig durchmischen und als Topping das Brotzeitgewürz darüberstreuen.

Das Honig-Senf-Dressing kann man gern in doppelter Menge (oder noch mehr) mixen und in eine Einweckflasche füllen, so hält es sich mehrere Wochen im Kühlschrank. Es passt perfekt zu Blattsalaten oder schmeckt auch wunderbar solo als Dip.

Kohlrabi-Apfel-Salat

Für 4 Personen

3 kleine Kohlrabi
Salz
4 EL Rieslingessig (5 %)
100 ml kalt gepresstes Sonnenblumenöl
Salz
1 EL Zucker
½ TL Cayennepfeffer
1 Schalotte
2 Äpfel
1 mittelscharfe Chilischote
Öl zum Braten
50 g gehackter Thymian

Am Vortag die Kohlrabi putzen, schälen, in dünne Scheiben schneiden und in kochendem Salzwasser kurz blanchieren. Kohlrabi in ein Sieb abgießen und in einer Schüssel mit Essig, Öl, 1 TL Salz, Zucker und Cayennepfeffer mindestens 24 Stunden marinieren.

Am nächsten Tag die Schalotte schälen und in feine Würfel schneiden. Die Äpfel waschen, vierteln und in mundgerechte Stücke schneiden, dabei die Kerngehäuse entfernen. Die Chilischote längs halbieren, entkernen, waschen und in feine Streifen schneiden.

Etwas Öl in einer Pfanne erhitzen und die Schalottenwürfel darin andünsten. Kohlrabischeiben samt Marinade in die Pfanne geben und warm werden lassen. Die Apfelscheiben, die Chilistreifen und den Thymian untermischen. Salat kalt oder lauwarm servieren.

Sieht hübsch aus: den Salat auf einer Platte anrichten und mit gehobelten Bunte-Bete-Scheiben garnieren.

Antipasti – Silberzwiebeln

Für ca. 6 Personen

50 g Walnusskerne
200 g Silberzwiebelchen
Olivenöl zum Braten
70 g Zucker
30 g Salz
30 g Cayennepfeffer
frisch gemahlener Piment
70 ml Weißweinessig

Die Walnüsse in einer Pfanne ohne Fett anrösten, vom Herd nehmen und beiseitestellen.

Die Zwiebelchen putzen, schälen und im Olivenöl bei mittlerer Hitze etwa 10 Minuten anschmelzen. Den Zucker darüberstreuen, Salz, Cayennepfeffer und 1 Prise Piment dazugeben und unterrühren. Dann die Temperatur erhöhen und die Zwiebelchen anrösten.

Die Walnüsse hinzufügen und alles mit dem Weißweinessig ablöschen. Die Antipasti-Silberzwiebeln am besten vor dem Servieren etwas durchziehen lassen.

Die Zwiebelchen sind nicht nur ein wunderbares Antipasto, sondern auch der perfekte Begleiter zu Schmorgerichten. Einfach etwas Zitronenthymian darüberstreuen und es sich schmecken lassen.

Antipasti – Champignons

Für ca. 6 Personen

300 g kleine braune Champignons
Olivenöl zum Braten
Salz
½ TL Zucker
½ TL Cayennepfeffer
100 ml Aceto balsamico
1 TL Knoblauchpaste (siehe Tipp S. 16)
50 g gehackter Thymian

Die Champignons putzen und, falls nötig, trocken abreiben. Die Pilze ohne Öl in einer heißen Pfanne anrösten. Sobald sie leicht Farbe genommen haben, das Öl hinzufügen und weiter anrösten.

1 TL Salz, Zucker und Cayennepfeffer hinzufügen und die Champignons kurz durchschwenken. Mit dem Essig ablöschen, Knoblauchpaste unterrühren und den Thymian darüberstreuen. Ab in die Schale, fertig!

Pilze ziehen generell sehr schnell Wasser. Deshalb vor dem Würzen rösten – und dann muss es ganz schnell gehen.

Gebratene Zucchini

Für ca. 6 Personen

15 Salbeiblätter
2 mittelgroße grüne Zucchini
2 mittelgroße gelbe Zucchini
1 EL Olivenöl
½ TL Cayennepfeffer
½ TL Zucker
½ TL Salz
1 TL Knoblauchpaste (siehe Tipp S. 16)

Den Salbei waschen und trocken tupfen. Eine gusseiserne Pfanne richtig heiß werden lassen. Inzwischen die Zucchini putzen, waschen und in 2 cm dicke Scheiben schneiden. Die Zucchinischeiben zunächst ohne Öl in der Pfanne kräftig anrösten.

Dann muss alles sehr schnell gehen: Das Olivenöl dazugeben, alle Gewürze rein in die Pfanne, Knoblauchpaste und Salbei mit kurzem Abstand zuletzt dazugeben. Alles einmal durchschwenken und ab in die Servierschale. Das Antipasto vor dem Servieren mindestens 1 Stunde durchziehen lassen.

Ruhig mutig sein beim Würzen. Zucchini brauchen ein richtig starkes Pendant.

Gebackener Kürbis

Für 4 Personen

1 kleiner Hokkaidokürbis
Öl zum Braten
Salz
½ TL Zucker
frisch geriebene Muskatnuss
½ TL Cayennepfeffer
1 TL Knoblauchpaste (siehe Tipp S. 16)
1 Bund gemischte Kräuter (z. B. Majoran, Petersilie, Sauerampfer, Thymian)
Saft und abgeriebene Schale von 1 Bio-Zitrone
10 Chilifäden

Den Backofen auf 200 °C vorheizen. Den Kürbis waschen, vierteln und die Kerne mit einem Löffel entfernen. Die Kürbisviertel in Spalten schneiden. Die Kürbisspalten in etwas Öl in einer Pfanne auf jeder Seite goldgelb anbraten, herausnehmen und auf ein Backblech legen.

½ TL Salz, Zucker, Muskatnuss, Cayennepfeffer und Knoblauchpaste verrühren und ordentlich mit den Kürbisspalten mischen. Kürbis im Ofen auf der mittleren Schiene etwa 5 Minuten garen.

Die Kräuter waschen und trocken schütteln, die Blätter abzupfen und fein hacken. Den Kürbis mit den gehackten Kräutern bestreuen, mit Zitronensaft und -schale sowie Chili verfeinern.

Gern ganz zum Schluss noch grobe Salzflocken darüberstreuen. Knackt herrlich im Mund!

Buntes Wokgemüse

Für ca. 6 Personen

150 g grüne Bohnen
Salz
100 g Kaiserschoten
100 g bunte Mini-Paprikaschoten
100 g Weißkohl
200 g Fenchelknolle
1 EL Sonnenblumenöl
grobe Salzflocken

Die Bohnen putzen, waschen und in kochendem Salzwasser bissfest blanchieren. Die Kaiserschoten putzen und waschen. Die Paprikaschoten halbieren, entkernen, waschen und klein schneiden. Vom Weißkohl gegebenenfalls die äußeren Blätter und den harten Strunk entfernen. Die Kohlblätter in feine Streifen schneiden. Den Fenchel putzen, waschen und in kleine Stücke schneiden.

Das Öl im Wok erhitzen. Sobald das Öl leicht anfängt zu rauchen, sofort Fenchel und Weißkohl hinzugeben, damit sich die Temperatur neutralisiert. Sobald sich leichte Röstaromen gebildet haben, Salzflocken und das restliche Gemüse in kleinen Portionen unterschwenken.

Wenn das Gemüse an den meisten Stellen Röstaromen aufweist, kann es serviert werden. Nach Belieben könnt ihr das Wokgemüse noch mit Rote-Bete-Couscous (etwa 100 g; siehe S. 112) bestreuen.

Nicht zu große Portionen auf einmal in den Wok geben. Lieber mehrere Durchgänge einplanen, sonst reicht die Temperatur nicht aus und das Gemüse zieht Wasser bzw. wird zu Eintopf. Am besten einen Wokbrenner verwenden, der erhitzt den Wok auf etwa 800 °C.

Kartoffel-Senf-Püree

Für 4 Personen

800 g mehligkochende Kartoffeln
200–300 g Sahne
Salz
½ TL Zucker
½ TL Cayennepfeffer
1 TL Knoblauchpaste (siehe Tipp S.16)
3 EL körniger Senf (am besten aus Kleinhettstedt)
1 EL mittelscharfer Senf (am besten aus Kleinhettstedt)
200 g kalte Butter (in Würfeln)
frisch geriebene Muskatnuss

Die Kartoffeln schälen, waschen und in Salzwasser etwa 20 Minuten weich garen. Wenn die Kartoffeln richtig weich sind, abgießen und im Topf kurz ausdampfen lassen.

Sahne in einem kleinen Topf erhitzen. ½ TL Salz, Zucker, Cayennepfeffer, Knoblauchpaste und beide Senfsorten unterrühren.

Die noch heißen Kartoffeln durch die Kartoffelpresse in eine Schüssel drücken. Die Butterwürfel unter die Kartoffelmasse mischen und step by step die Sahne-Senf-Mischung unterrühren, bis die gewünschte Konsistenz erreicht ist. Kartoffel-Senf-Püree mit Muskatnuss würzen.

Kartoffelpüree lässt sich so vielfältig variieren. Mein Sommer-Liebling: einfach mit Tomatenmark mischen und frischen jungen Spinat einrühren. Fantastisch!

Fjordforelle auf Zedernholz

Für 2 Personen

Filet von 1 Fjordforelle (ca. 500 g; mit Haut)
abgeriebene Schale und Saft von 1 Bio-Zitrone
grobe Salzflocken

Außerdem:

1 großes Zedernholzbrett

Das Forellenfilet mit der Hautseite nach unten auf ein ungewässertes Zedernholzbrett legen und in die gewünschten Portionsgrößen einschneiden. Die Glut im Holzkohlegrill vorbereiten. Dabei den Grill auf einer Seite nur zu einem Drittel mit Holzkohle befüllen, sodass über indirekter Hitze gegart werden kann. Die Temperatur auf etwa 110 °C einpegeln.

Die Forelle auf dem Zedernholzbrett auf die Seite des Rostes legen, unter der sich keine glühende Kohle befindet. Den Deckel auf den Grill setzen und die Forelle etwa 30 Minuten (je nach Dicke des Filets) indirekt garen. Wenn die Forelle den gewünschten Gargrad erreicht hat, das Zedernholzbrett direkt über die Glut legen und warten, bis das Zedernholz leicht angekokelt ist.

Solange der Fisch grillt, bitte keine Zitronen- oder Limettenscheiben darauflegen: Die Säure reagiert mit dem Fischeiweiß, sodass es gerinnt und bitter wird.

Das Forellenfilet mit dem Brett wieder von der Glut nehmen und den Fisch mit Salzflocken bestreuen. Das Brett mit dem Fisch über indirekter Hitze mit Deckel weitere 5 Minuten im Rauch liegen lassen. Den Fisch mit der Zitronenschale bestreuen und mit dem Zitronensaft beträufeln. Ab damit auf den Tisch!

Spanferkelkarree mit Gartenbohnen

Für 6 Personen

1½–2 kg Spanferkelkarree (mit Schwarte)
Öl zum Braten
100 g breite Bohnen
100 g gelbe Stangenbohnen
Salz
100 g Butter
1 TL Zucker
1 EL Knoblauchpaste (siehe Tipp S. 16)
1 TL Cayennepfeffer
50 g Bohnenkraut
grobe Salzflocken
abgeriebene Schale von 1 Bio-Zitrone

Den Backofen auf 150 °C vorheizen. Das Spanferkelkarree waschen und trocken tupfen. Etwas Öl in der Pfanne erhitzen, das Fleisch darin rundum scharf anbraten und auf das Ofengitter legen. Das Fleisch im Ofen auf der mittleren Schiene erst 45 Minuten garen, dann die Ofentemperatur auf 100 °C reduzieren und das Fleisch weitere 45 Minuten garen.

Inzwischen beide Bohnensorten putzen, waschen und in kochendem Salzwasser blanchieren. Etwas Butter in der Pfanne erhitzen, die Bohnen tropfnass hineingeben und mit Salz, Zucker, Knoblauchpaste und etwas Cayennepfeffer würzen. Die Bohnen bei mittlerer Hitze durchschwenken.

Das Bohnenkraut waschen, trocken tupfen, die Blättchen abzupfen und fein hacken. Das Bohnenkraut mit den Salzflocken und der Zitronenschale mischen. Das Spanferkelkarree am Ende der Garzeit in einer heißen Pfanne anrösten und mit der restlichen zerlassenen Butter überziehen („nappieren“).

Das Spanferkelkarree auf einer Platte mit dem bunten Bohnengemüse arrangieren und mit der Salz-Zitronen-Bohnenkraut-Mischung bestreuen.

Ein Spanferkelkarree ist das optimale Familienessen. Es hat die richtige Größe und die Zubereitung ist stressfrei!

Mohnküchlein

Für 8 Küchlein

Für die Mohnfüllung:
200 g Zucker · 500 g Mohn
500 g Sahne · 2 EL Speisestärke
Rum · 300 g griechischer Joghurt
5 Eier

Für den Teig:
200 g Puderzucker
300 g zimmerwarme Butter
2 Eigelb
500 g Mehl

Außerdem:
Butter für die Förmchen
Mehl für die Arbeitsfläche

Am Vortag für die Mohnfüllung den Zucker und Mohn in einem Topf mit der Sahne verrühren, aufkochen und etwa 1 Stunde bei schwacher Hitze köcheln lassen. Dabei gelegentlich umrühren. Die Speisestärke mit wenig Wasser glatt rühren, unter die Mohnmasse rühren und diese damit binden. 1 Schuss Rum hinzufügen und die Mohnfüllung etwa 5 Minuten köcheln lassen. Dabei kräftig umrühren, damit nichts anbrennt. Den Topf vom Herd nehmen und beiseitestellen. Den Joghurt mit den Eiern verquirlen und die Mischung unter den noch heißen Mohnpudding rühren.

Für den Teig Puderzucker und Butter in der Küchenmaschine aufschlagen, bis eine weiße und cremige Masse entstanden ist. Unter ständigem Rühren der Maschine die Eigelbe hinzufügen. Dann das Mehl von Hand zügig unter den Teig arbeiten. Diesen Teig nun abgedeckt bei Zimmertemperatur 24 Stunden ruhen lassen.

Der Mürbeteig ist solo ein wunderbarer Plätzchenteig.

Am nächsten Tag den Backofen auf 200 °C vorheizen. Acht runde Dessertförmchen (à etwa 10 cm Durchmesser) einfetten. Den Teig auf der bemehlten Arbeitsfläche ½ cm dünn ausrollen, etwas größer als die Förmchen ausstechen und die Förmchen damit auslegen. Den Teig im Ofen auf der mittleren Schiene 5 Minuten vorbacken („blindbacken"). Dann die Mohnfüllung gleichmäßig auf dem vorgebackenen Teig verstreichen. Ofentemperatur auf 180 °C reduzieren und die Mohnküchlein im Ofen weitere 15 Minuten backen.

Thüringer Blechkuchen

Für 1 Backblech

Für den Boden:
200 g Dinkelmehl
200 g gemahlene Mandeln
5 Eier
150 g flüssige Butter
100 ml Milch
1 TL Speisestärke
1 Prise Natron

Für den Belag:
ca. 700 g Birnen

Für den Guss:
200 g Sahne · 100 g Zucker
4 Eier
1 EL Speisestärke
100 g Schmand
Mandelblättchen zum Bestreuen (nach Belieben)

Außerdem:
Butter und Zucker für das Backblech

Für den Boden den Backofen auf 180 °C vorheizen. Alle Zutaten mischen und zu einem homogenen Teig verarbeiten. Den Teig auf ein gebuttertes und gezuckertes Backblech gießen. Den Teig im Ofen auf der mittleren Schiene 10 Minuten vorbacken – er wird gleich noch weitergebacken.

Inzwischen für den Belag die Birnen waschen und vierteln, dabei die Kerngehäuse entfernen. Die Birnenviertel auf dem vorgebackenen Teig verteilen.

Für den Guss alle Zutaten verrühren und gleichmäßig über die Birnen gießen. Nach Belieben noch mit Mandelblättchen bestreuen. Den Thüringer Blechkuchen im Ofen auf der mittleren Schiene weitere 25 Minuten backen.

Dieser Kuchen ist unendlich wandelbar: Gemahlene Nüsse oder Safran wandern in den Teig, Obst der Saison wie Stachelbeeren oder nur Zucker kommt obendrauf. Er schmeckt aber auch einfach ohne Frucht, ganz pur – alles ist möglich!

Frühling # Sommer # Sonne
Tomate | Burrata | Limone
Beef | Salsa | Grünzeug
Sweet Pleasure o. Käse

Kulinarisches Thüringen – traditionell aufgetischt

Ihre Natur ist vielfältig, ihre Kulturhistorie bedeutend und die kulinarischen Spezialitäten machen definitiv Lust auf mehr – meine Heimat, das verhältnismäßig kleine Bundesland Thüringen mitten in Deutschland, hat wirklich so allerhand zu bieten. Was die hiesigen Gaumenfreuden betrifft, sollte man Thüringen keinesfalls nur auf seinen größten Exportschlager, unsere geliebte Thüringer Bratwurst, reduzieren. Die Auswahl an traditionellen Gerichten in unserer Region ist groß, fleischlastig und deftig. Aber hier versteht man es einfach, die Liebe zur bodenständigen Hausmannskost mit viel Kreativität und Spaß am Genuss auszudrücken.

Lust auf Fleisch

Auf Thüringens Speisekarten nehmen Fleischgerichte einen festen Platz ein – kein Wunder, denn weitläufige Naturräume wie Thüringer Wald und Harz boten uns schon früher wildreiche Jagdgebiete. Wir Thüringer verdienten unser täglich Brot überwiegend mit Landwirtschaft und Bergbau, was mit schwerer körperlicher Arbeit verbunden war; da galt es also, Kraftreserven aufzufüllen. Deftige Schmorgerichte aus Rindfleisch wie Thüringer Schwarzbierfleisch, Sauerbraten oder Rouladen kamen mit reichlich Sauce und in Begleitung von Klößen auf den Teller und charakterisieren bis heute unsere regionale Küche. Sehr gern werden Spezialitäten wie das Thüringer Rostbrätel (marinierter Schweinenacken) oder Thüringer Mutzbraten (Schweineschulter oder -kamm) über offenem Feuer zubereitet und über Birkenholz gegrillt. Genau wie unsere bereits erwähnte heiß geliebte Thüringer Rostbratwurst. Weit über die Landesgrenzen hinaus können sich Interessierte über unsere bekannte Spezialität im ersten und einzigen Deutschen Bratwurstmuseum umfassend informieren. Wer davon Hunger bekommen sollte, kann anschließend in einen Feldgieker oder Flombeutel beißen: Auch die Herstellung von Wurstwaren hat in Thüringen nach wie vor Tradition.

Passende Begleitung

Sie sind klein, rund und besonders gern aus Kartoffeln: Klöße gehören bei uns einfach mit dazu. Als Beilage werden sie zum Sonntagsbraten serviert, doch auch als Hauptgericht haben sie sich längst vom einstigen Armeleuteessen zur beliebten Spezialität gemausert. Mal gefüllt mit knusprigen Weißbrotwürfeln, mal gewürzt mit Majoran, Pfeffer und Kümmel und vor allem mit viel sämiger Sauce schmecken sie mir am besten ganz frisch aus dem Topf. Meistens findet sich daneben eine gekochte Krautsorte, Sauerkraut oder Rotkohl gehören zu den Klassikern. Die Kombination mit einer fruchtigen Komponente, zum Beispiel Apfel, erfreut sich dabei großer Beliebtheit. Ich serviere sie auch gern mit Pilzragout.

Flüssig und köstlich

Bereits seit dem frühen Mittelalter wird in Thüringen Bier gebraut. Einst schützte man sich damit vor der Gefahr, verunreinigtes Wasser zu trinken, heute steht vor allem der Genuss im Vordergrund: Inzwischen wurde die Produktpalette der Brauereien neben klassischen Sorten wie Schwarzbier zum Beispiel um viele Craftbiersorten erweitert. Auch die Weine unserer Region sind sehr beliebt und ihre Qualität viel beachtet. Rund um den Ort Bad Sulza liegt das Weinanbaugebiet Saale-Unstrut mitten im fruchtbaren Thüringer Becken. Das milde Klima macht unsere Region zum am weitesten im Norden gelegenen Weinanbaugebiet Deutschlands.

Darf's ein bisschen mehr sein?

Was wäre Thüringen ohne seine Blechkuchen? Mindestens zwölf verschiedene Sorten sollte eine Thüringer Hausfrau beherrschen, so sagt man, und bei einem ordentlichen Fest gehören mindestens 15 Kuchen auf die Festtafel – wir wollen ja nicht geizig wirken. Neben süßen Blechkuchen wie Mohn-, Streusel-, Schmand- und Obstkuchen essen wir vor allem gern deftigen Zwiebelkuchen.

Meine Zickzack-Bio

Ich bin im beschaulichen Straußfurt im Thüringer Becken aufgewachsen. Und obwohl ich ein Scheidungskind bin, hat sich das nicht negativ ausgewirkt, da ich dadurch viel Zeit mit meiner Oma verbrachte, zu der ich immer ein gutes Verhältnis hatte. Sie holte mich vom Kindergarten und von der Schule ab. Sie war als Gemeindeschwester eine überaus angesehene Frau im Dorf. Gemeindeschwester – das kennt man im Westen gar nicht: Man kann sagen, dass sie den Arzt in der Umgebung ersetzte. Dieser wurde im Grunde nur gerufen, wenn ein Totenschein ausgestellt werden musste.

Oma hatte einen schön großen Garten und bei ihr gab es immer ordentlich warmes Mittagessen. Egal, wie heiß es war. Zwei ganz simple Dinge sind mir noch heute in bester Erinnerung: wenn sie ein Roggenbrot auf einer alten Ofenplatte in der Küche direkt röstete, mit Butter versah, die sich in alle Richtungen sofort schmelzend darauf verteilte, und mit Pflaumenmus bestrich, und Salzkartoffeln mit Rührei und Gurkensalat. Schon damals waren es die einfachen Dinge, die mich begeisterten. Und Oma hat mich auch immer mitwurschteln lassen. Meine ersten Begegnungen mit dem Kochen.

Nach dem Schulabschluss kam die Frage: Was nun? Viele meiner Freunde gingen nach Jena zum Studieren. Das war mir nicht weit genug weg. Auch wenn es sich jetzt nicht wie ein Quantensprung an Heimat-Entwurzelung anhört, für mich war Leipzig ganz was anderes. Ich war stolz, habe mir ein WG-Zimmer gesucht und für die anderen Mädels gekocht. Studiert habe ich Germanistik und Philosophie mit dem Ziel, die Welt zu verändern. Nichts Geringeres. Nebenbei landete ich im Studentenrat als Frauen- und Lesbenbeauftragte. Germanistik hatte ich mir irgendwie anders vorgestellt. Die viele Theorie rund um Althochdeutsch und Mittelhochdeutsch und was weiß ich nicht für alte Formen des Deutschen waren nichts für mich. Ich brauchte drei Jahre, um mir einzugestehen, dass ich mich auf einem Irrweg befand.

Immer noch beseelt vom Weltverbessern, zog es mich an die Humboldt-Universität in Berlin, um Gender Studies zu belegen. Transdisziplinäre Geschlechterstudien, könnte man auch sagen. Berlin war noch ein wenig weiter weg von der Heimat – und das fand ich

aufregend. Aber es war auch wieder ein wenig teurer, also brauchte ich schnell einen Nebenjob, den ich tatsächlich ganz profan am Schwarzen Brett der Uni fand:

„Gut situiertes Ehepaar im Grunewald sucht Studentin, die ab und zu im Privathaushalt kocht.“

Ein bisschen kochen kannst du ja, dachte ich mir. Doch sie wollten nicht einmal, dass ich vorkochte, sondern engagierten mich vom Fleck weg. Das Studium wurde immer anstrengender und immer, wenn ich zu dem Paar fuhr, dachte ich: Jetzt machst du was Sinnvolles! Natürlich war das da auch oft stressig, aber es hat mich erfüllt. So wuchs der Gedanke, dass ich das Kochen beruflich erlernen wollte. Ich komme ja aus einfachen Verhältnissen, zu Hause waren alle stolz darauf, dass ich die Erste in der Familie war, die studiert hat. Also war es hart, ihnen zu sagen, dass ich das Studium für eine Kochlehre schmeiße. Als Spätberufene, Mitte 20. Ich sagte es ihnen erst, als ich die Zusage zur Ausbildung in einem Betrieb mit 14 Gault-Millau-Punkten hatte. Und so reagierten sie typisch pragmatisch. Okay, du hast ja was Neues. Alles klar. Die Ausbildung erwies sich als hart, machte aber Spaß.

Als Köchin im Restaurant findest du im Alltag deines Umfelds ja nicht mehr statt. Passt einfach nicht bei 15 Stunden Arbeit – und immer abends. Aber ich bin als Azubi eine volle Kraft gewesen, habe schnell Verantwortung bekommen. Ich habe den Chefs aber auch gezeigt, dass ich unbedingt will.

Nach der Ausbildung habe ich ein paarmal die Restaurants gewechselt und immer darauf geachtet, dass sie 14/15 Gault-Millau-Punkte hatten. Wieso? Weil ich mir dachte: Die kochen noch selbst, die kochen gut, da gibt es die Chance, mit dem Laden besser zu werden. Da steht der Chef nicht am Passe und legt mit der Pinzette nur noch drei Kresseblätter obendrauf.

Irgendwann folgte eine wichtige Phase meines Berufslebens. Meine Zeit in der Schweiz. Ich hatte den Gedanken, dass ich an meiner geschätzten 80-Stunden-Woche in Berlin mit megawenig Geld was ändern musste. Ein Freund hatte eine Wintersaison in der Schweiz gearbeitet und schwärmte: Es ist alles teurer, aber du verdienst als Koch angemessen, die Teamstärke ist auch besser und es herrscht ein besonderer Moralkodex in der Küche. Da stellt niemand den Betrieb infrage, für den er arbeitet. Eigentlich sollte es nur eine Wintersaison werden – aber ich blieb fast neun Jahre.

Dann kam eines zum anderen. Ich hatte von irgendwem gehört, dass der legendäre, langjährige Küchenchef im „Kaisersaal" in Erfurt geht. In der alten Heimat. Großer Bankettbetrieb, kleines Fine-Dining-Restaurant namens „Clara". Ich bekam den Job und es folgten viele Monate mit sieben Tagen à 17 Stunden Arbeit. Bis eines Tages mein Chef kam und meinte, er hätte gehört, dass der Name „Maria Groß" im Zusammenhang mit dem Michelin gefallen sei. Wir wussten erst gar nicht, wo man das nachgucken sollte.

Dann kam der berühmte Restaurantführer raus und es war wie im Rausch. Grußkarten von den größten Köchen des Landes trudelten ein. Unfassbar. Dass ich gut kochen kann, war mir klar, dass das kleene, spätberufene Ossi-Mädchen so kocht, dass es für einen Stern reichen würde, war irre.

Aber wo Zick bei mir ist, ist auch Zack. Vielleicht lag es daran, dass ich während des Studiums so viel gelesen hatte, vielleicht daran, dass auf einmal die Erinnerung in mir hochkam, dass mein Papa gestorben war, als ich in der Wintersaison in der Schweiz war und gar nicht so schnell Urlaub kriegen konnte, wie alles zu organisieren war. Man kommt ganz schön kaltherzig rüber, wenn man sagen muss, dass man erst einmal beruflich einiges klären muss, bevor man in die Heimat reisen kann.

Das alles hat mir gezeigt, dass ich mit meiner limitierten Lebenszeit etwas mehr machen will, und auf einmal rückte der Stern, den wir zwei Mal verteidigen konnten, in den Hintergrund. Und ich ging. Ich freue mich, dass die „Clara" danach den Stern verteidigen konnte und ich meine neue Heimat in meiner alten Heimat in der „Bachstelze" fand.

Danke

Ich danke meiner
Mama von ganzem Herzen,
dass sie mich hat
werden lassen, wer ich
heute bin.

Und all den vielen wunderbaren Menschen, die mich
in meinem Leben schon
berührt haben, danke ich
sowieso.

Und ein besonderer Dank gilt
noch dem Team Heimberg /
Zermatt. Die Menschen,
die Philosophie, die Vision
trage ich bis heute im Herzen.
Es war eine schöne Zeit!

Vielen Dank aus der Ostzone!

Impressum

© 2019 ZS Verlag GmbH
Kaiserstraße 14 b
D-80801 München

ISBN 978-3-89883-917-4
1. Auflage 2019

Projektleitung: Eva-Maria Hege
Texte: Christian Löwendorf
Lektorat: Katinka Holupirek
Grafisches Konzept: Studio SÜD – Visuelle Kommunikation
Grafische Gestaltung und Satz: Irene Schulz
Fotografie: Adrian Liebau;
Shutterstock/I. Ivanov (Vor- und Nachsatz)
Foodstyling: Maria Groß
Herstellung: Frank Jansen
Producing: Jan Russok
Druck und Bindung: optimal media GmbH, Röbel

Kurze Wege schonen die Umwelt
Dieses Buch wurde in Deutschland gedruckt

Im Buch enthaltene Foodfotos können zur eigenen Nutzung erworben werden unter www.stockfood.com

Die ZS Verlag GmbH ist ein Unternehmen der Edel AG, Hamburg.
www.zsverlag.de | www.facebook.com/zsverlag